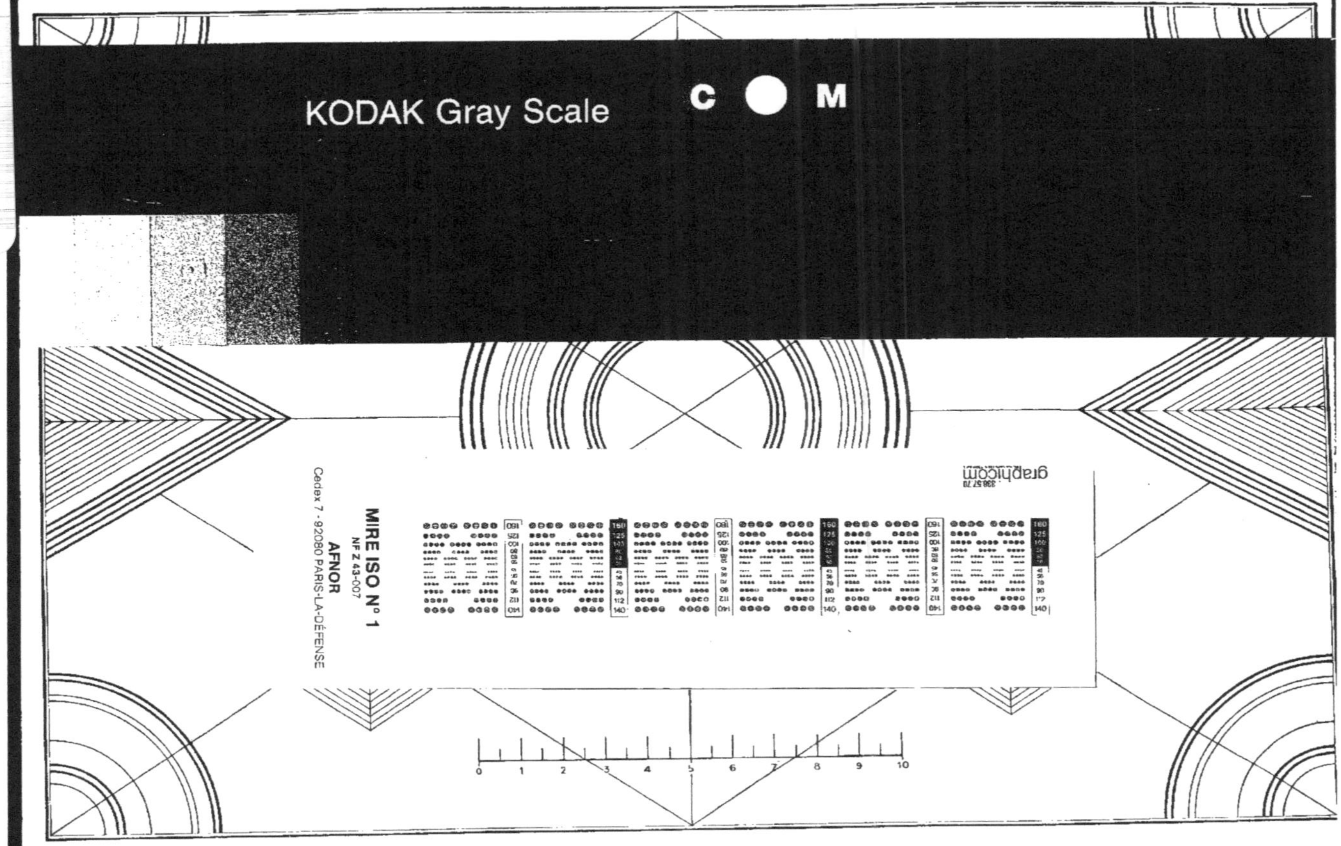

CE DOCUMENT A ÉTÉ MICROFILMÉ TEL QU'IL A ÉTÉ RELIÉ

PHOT. BIBL. NAT. PARIS
REPRODUCTION INTERDITE SANS AUTORISATION.

LES OEUVRES PROTÉGÉES PAR LA LÉGISLATION SUR LA PROPRIÉTÉ LITTÉRAIRE ET ARTISTIQUE (LOI DU 11 MARS 1957) NE PEUVENT ÊTRE REPRODUITES SANS AUTORISATION DE L'AUTEUR OU DE SES AYANTS DROIT.

DANS L'INTÉRÊT DE LA RECHERCHE LA BIBLIOTHÈQUE NATIONALE TIENT UN FICHIER DES TRAVAUX RELATIFS AUX MANUSCRITS QU'ELLE CONSERVE.

ELLE PRIE LES UTILISATEURS DU PRÉSENT MICROFILM DE LUI SIGNALER LES ÉTUDES QU'ILS ENTREPRENDRAIENT ET PUBLIERAIENT A L'AIDE DE CE DOCUMENT.

BIBLIOTHEQUE NATIONALE
DE FRANCE

DEPARTEMENT
RESERVE DES IMPRIMES

FILMOTHEQUE DE SECURITE

Res. Enfer 67 (5)
Entier

R 116508

Cde : 11242   Volts : 116   :7,5
Date : 26.06.98   MAG

Service de la Reproduction
PARIS-RICHELIEU

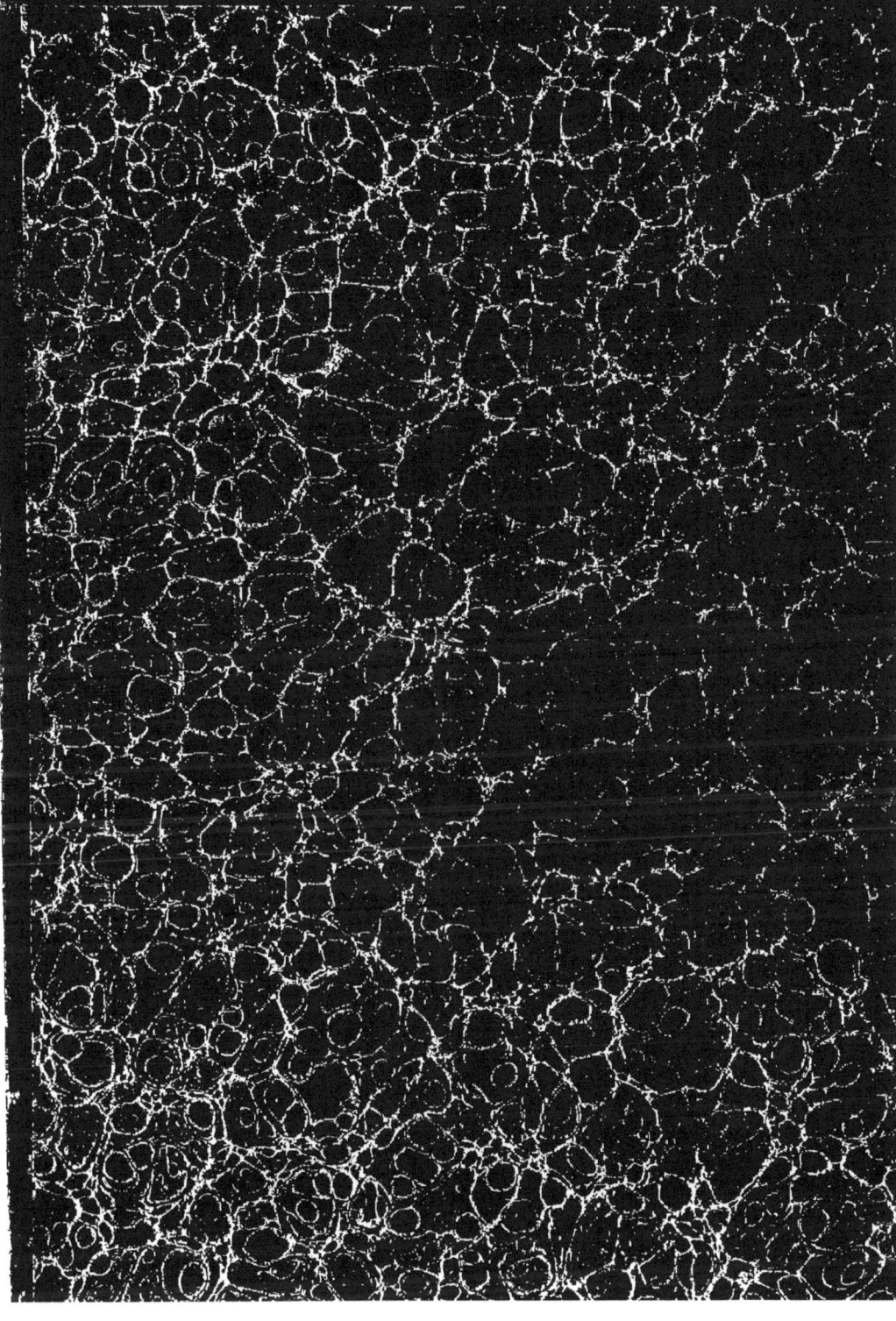

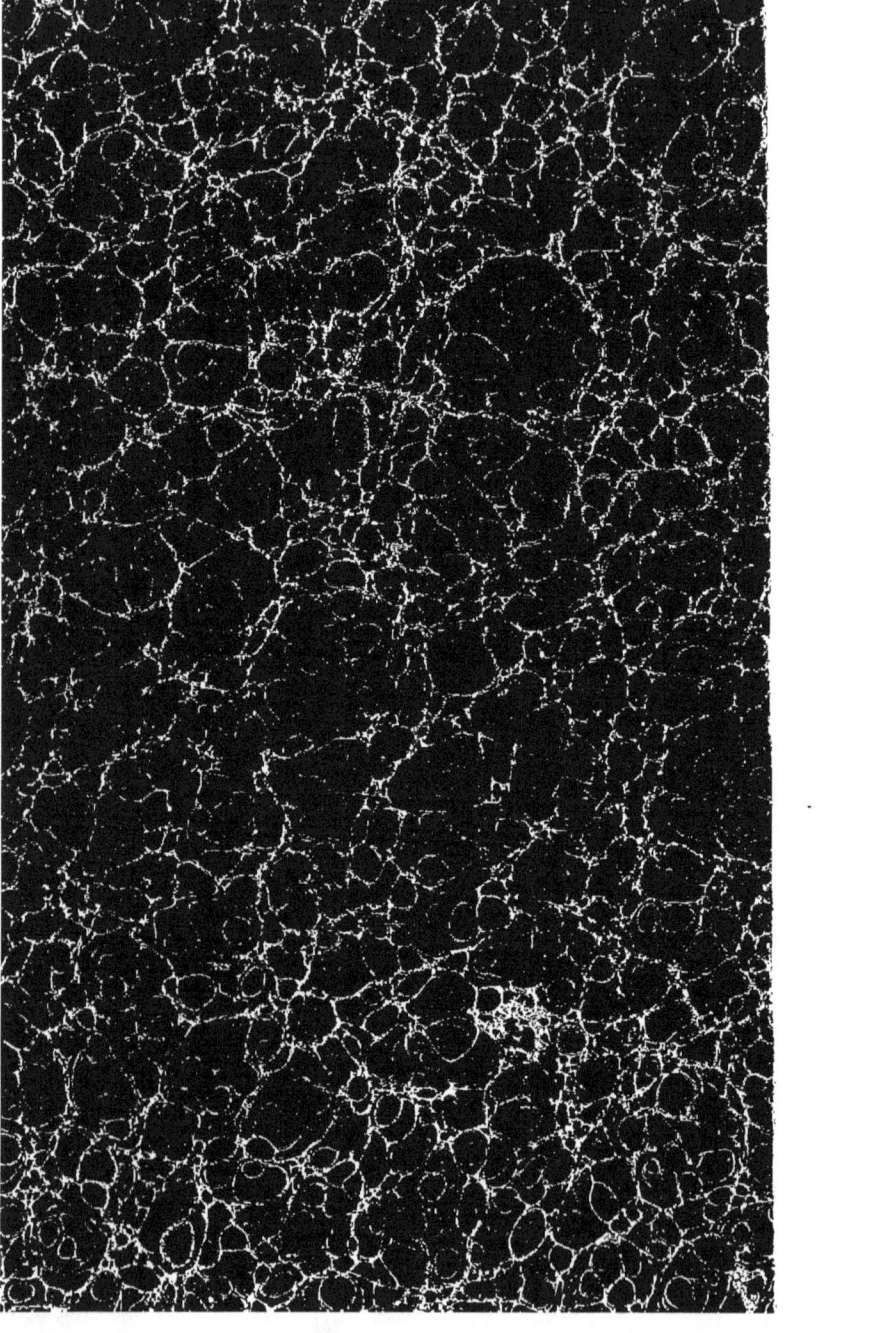

Musée secret du Bibliophile
N° 2

LES
SONNETS LUXURIEUX
DU DIVIN
PIETRO ARETINO

Cet ouvrage, imprimé dans les conditions légales pour l'Éditeur et ses Amis, ne doit pas être exposé aux étalages des Libraires.

LES
SONNETS LUXURIEUX
DE
PIETRO ARETINO

AVIS

Deux exemplaires de cet ouvrage, destinés aux collections nationales, ont été déposés conformément à la loi.

En conséquence, l'Éditeur se réserve le droit de propriété de la notice et de la traduction, et poursuivra tous contrefacteurs ou débitants de contrefaçons.

LES SONNETS LUXURIEUX

DU DIVIN PIETRO ARETINO

TEXTE ITALIEN, LE SEUL AUTHENTIQUE
ET TRADUCTION LITTÉRALE
par le Traducteur des *Ragionamenti*

Avec une Notice sur les Sonnets luxurieux,
l'époque de leur composition, les rapports de l'Arétin avec la Cour
de Rome, et sur les dessins de JULES ROMAIN gravés
par MARC-ANTOINE

Imprimé à cent exemplaires
Pour ISIDORE LISEUX ET SES AMIS
PARIS
1882

NOTICE

Il ne saurait nous être venu à l'esprit de publier purement et simplement, pour leur valeur propre, en les accompagnant d'une traduction Française, les *Sonetti lussuriosi* de Pietro Aretino. Quoique tout ce qui est sorti de la plume de cet homme singulier, de cet écrivain plein de verve, de fantaisie, d'imagination, excite l'intérêt, ces Sonnets, la moindre de ses œuvres et la plus critiquable, n'ajoutent rien à sa renommée. Comme morceaux de poésie, ils n'ont de remarquable que leur crudité et leur cynisme ; sans les estampes de Marc-Antoine, qui nous les expliqueraient peut-être mieux qu'ils ne nous expliquent eux-mêmes les estampes, ils sont incompréhensibles, à moins d'un certain effort intellectuel. Mais, si nous parvenons à reconnaître, parmi les pièces d'une main étrangère auxquelles ils sont mêlés, les seize Sonnets authentiques, ceux qui furent composés expressément pour les seize estampes de

Marc-Antoine, si nous réussissons à en rétablir le texte, altéré partout de la façon la plus pitoyable, peut-être parviendrons-nous à reconstituer dans ses principaux motifs chaque pièce de cette fameuse suite, aujourd'hui perdue sans espoir et que les amateurs demandent en vain à toutes les collections d'art de l'Europe ; en tous cas, nous aurons remis au jour le seul document d'après lequel on puisse s'en faire une idée au moins approximative. Ce sera déjà un résultat assez satisfaisant ; l'art a ses droits, ses franchises. Nous en poursuivrons un autre, cette recherche devant nous fournir l'occasion de revenir sur un point d'histoire littéraire très controversé : l'existence ou non existence d'une édition originale des Sonnets faite par l'Aretino lui-même, problème non encore résolu, quoique de Bure, Nodier, Brunet se soient appliqués à l'éclaircir, et qu'il ait été l'objet de Notices spéciales très appréciées : *Dissertation bibliographique sur un recueil de sonnets Italiens de Pierre Arétin*, par L. J. Hubaud, de Marseille (1857), et *Notice sur les Estampes gravées par Marc-Antoine Raimondi et accompagnées des sonnets de l'Arétin,* par C. G. de Murr (1), traduite et annotée par un bibliophile (Bruxelles, 1865). Nous relèverons les méprises dans lesquelles les Italiens, Fontanini, Apostolo Zeno, Tirabos-

---

(1) Ce travail avait originairement paru, en 1785, dans le *Journal zur Kunstgeschichte und Allgemeinen Litteratur,* tome IV. Le bibliographe Allemand de Murr, né en 1733, est mort en 1811.

chi, Mazzuchelli *e tutti quanti*, qu'on devait croire bien informés, ont fait tomber ces savants bibliographes ; nous déterminerons la date de la composition des Sonnets : elle n'est pas celle que l'on croit, ce qui fait crouler tout un échafaudage de légendes ; nous proposerons enfin à la question une solution nouvelle, en appuyant nos assertions non sur des conjectures, mais sur des documents.

L'histoire des Sonnets et des Estampes, telle qu'elle se trouve partout, dans les biographies de Jules Romain, de Raimondi, d'Aretino, dans quelques ouvrages d'art ou de littérature, et qu'on l'accepte les yeux fermés, est très simple. Jules Romain dessine pour se distraire une suite de seize compositions libres, représentant autant de postures dans lesquelles l'homme et la femme peuvent prendre plaisir l'un de l'autre ; Marc-Antoine les grave et elles commencent à circuler. L'Arétin les voit, en est charmé et compose pour elles seize sonnets destinés à être mis au bas des images. Cette publication, risquée à Rome même, dans l'entourage du Pape, cause un scandale épouvantable. Cela se passait en 1524. Clément VII, saisi de la plus violente indignation, ordonne de sévir contre les coupables : Marc-Antoine est jeté en prison et, sans l'intervention d'un cardinal, il était pendu ; Jules Romain se réfugie auprès du duc de Mantoue : il n'en est pas moins condamné à mort et exécuté en effigie ; l'Arétin se sauve à Venise, emportant probablement les planches qui, vingt ou trente ans plus tard, passent en France avec un descendant des Aldes et servent à faire de nombreux tirages. Nous avons là-dessus le témoignage précis de Brantôme :

« J'ai cogneu, » dit-il dans ses *Dames Galantes,* Discours Ier, « un bon imprimeur Vénitien à Paris, qui s'appelloit messer Bernardo, parent de ce grand Aldus Manutius de Venise, qui tenoit sa boutique en la rue Saint-Jacques, qui me dit et jura une fois qu'en moins d'un an il avoit vendu plus de cinquante paires de livres de l'Arétin à force gens mariés et non mariés, et à des femmes dont il me nomma trois de par le monde, grandes, que je ne nommeray point, et les leur bailla à elles-mêmes, et très bien reliés, sous serment prêté qu'il n'en sonneroit mot, mais pourtant il me le dit. »

On commençait dès lors à appeler « un Arétin » ce recueil de figures, qui s'était successivement grossi de quatre, puis de six estampes, sur lesquelles l'Arétin avait fait autant de sonnets, dont le nombre se trouvait ainsi porté à vingt-six ; les figures atteignirent plus tard celui de trente-six, que l'on nomma « les trente-six postures de l'Arétin. » Ces abominables gravures continueraient apparemment de se vendre, comme au temps de Brantôme, si un certain Jollain n'avait acheté les planches pour les détruire. Le fait nous est rapporté par Chevillier, dans son *Origine de l'imprimerie à Paris* :

« Nous ne devons point taire la belle action d'un graveur de Paris. Il sçut où il y avoit de ces planches infâmes qui représentoient ces dessins abominables de Jules et ces Sonnets impurs de l'Arétin. Il y alla en offrir une somme considérable et les acheta cent écus, dans le dessein de les détruire entièrement et d'empêcher par ce moyen qu'on n'en tire plus aucune estampe. Ce qu'il exécuta, persuadé que c'étoit bien employer son argent que de le faire servir à ôter de devant les yeux les objets qui sont des pièges que l'Enfer dresse aux âmes. C'étoit M. Jollain, marchand de la rue Saint-Jacques, homme d'une probité distinguée, comme il parut par cette action. Il a toujours cru que c'étoit les planches originales gravées par Marc-Antoine qu'il avoit détruites. » (*Origine de l'imprimerie*, 1694, in-4º.)

Depuis cette époque, les estampes, qu'on cessait de réimprimer, ont peu à peu disparu, au point de devenir introuvables, grâce aux confesseurs qui, dans l'intérêt des familles et des bonnes mœurs, se les faisaient livrer au lit de mort par leurs pénitents et les jetaient impitoyablement dans les flammes. On explique de la même façon la perte presque totale des lettres et des manuscrits de Molière : le clergé a poursuivi avec tant d'acharnement et une telle sûreté de main les autographes de l'auteur du *Tartufe*, qu'ils sont de la plus excessive rareté. Mais pourquoi n'a-t-il pas aussi bien réussi à faire disparaître les lettres de Voltaire, ce qui lui eût importé bien davantage, et qui foisonnent toujours ? La même étrange particularité s'est reproduite à l'occasion des gravures de Marc-Antoine. Le clergé est parvenu à les détruire ; mais pourquoi n'a-t-il pas réussi à supprimer celles des Carrache, qui sont dans le même genre, peut-être pires, et toutes les contrefaçons et imitations des Carrache? C'est un mystère; l'homme serait trop heureux s'il parvenait à tout savoir. Quant aux Sonnets, ils ont pu échapper, grâce à ce qu'on les a souvent réimprimés sans les estampes, et ils se trouvent assez communément.

L'embarras où l'on est d'expliquer la disparition totale d'un recueil autrefois si répandu, en Italie et en France, n'est pas la seule objection que soulève cette légende; les témoignages contemporains la contredisent formellement sur plusieurs points. Ils sont malheureusement peu nombreux et manquent de précision, ce qui a mis les imaginations à l'aise. Ces témoignages se réduisent à une allusion de l'Arioste, dans le Prologue d'une de ses Comédies, à deux passages de Dolce et de Vasari, et à deux lettres de l'Aretino.

L'Arioste, après avoir d'abord écrit en prose sa comédie des *Suppositi*, vers 1513, la refit plus tard en vers. Dans le Prologue de la pièce en prose, il s'amusait déjà à jouer sur le double sens du verbe *supponere* qui, en Italien comme en Latin, veut dire supposer et mettre une femme sous soi; il disait:

« Ne prenez, bénignes Auditeurs, ce supposer en mauvaise part : on peut supposer d'autre façon qu'Eléphantis ne se l'est permis dans son livre de Figures. »

Reprenant ce jeu de mots dans sa pièce en vers, il l'a plaisamment complété par une allusion au recueil d'estampes de Marc-Antoine, qui faisait alors quelque bruit :

> Bien que je vous parle de supposer,
> Mes suppositions pourtant ne ressemblent pas
> A ces antiques suppositions, celles qu'Éléphantis,
> En diverses attitudes et postures, en façons variées,
> Nous a dépeintes, puis que l'on a renouvelées
> De nos jours, dans Rome la sainte, et fait imprimer
> Sur de plus belles que pudiques feuilles,
> Pour que tout le monde en ait copie.

Le seul renseignement à tirer de cette allusion, c'est que les estampes furent bien gravées et publiées à Rome, antérieurement à 1526, date que l'on assigne à la représentation de cette comédie. On a prétendu (Lettre citée par Mazzuchelli en Appendice à sa *Vita di Pietro Aretino*) qu'elle s'appliquait aux Sonnets plutôt qu'aux estampes, puisque les tablettes d'Éléphantis étaient un recueil de vers, non d'images, comme cela résulte d'une épigramme de Martial (XII, 43). C'est une erreur. Martial parle des vers, mais une Priapée très connue, la IIIe, parle des images :

> Ces tableaux, tirés des livres obscènes
> D'Éléphantis, à toi, Dieu rigide,
> Les dédie Lalagé, et te demande d'éprouver
> Si elle pratique bien d'après les figures peintes.

Il y avait donc à la fois un texte et des images, des miniatures, comme nous dirions s'il s'agissait d'un recueil plus moderne, et l'Arioste pouvait com-

parer les planches de Marc-Antoine aux tableaux ou tablettes d'Éléphantis, sans faire expressément allusion aux Sonnets, qu'il a pu très bien ne pas connaître.

Vasari, autre contemporain des événements, croit que les planches de Marc-Antoine étaient au nombre de vingt, et nous savons d'autre part avec précision qu'il n'y en avait que seize; mais du moins nous apprend-il que Jules Romain était depuis quelque temps à Mantoue lorsqu'elles furent saisies chez le graveur, et qu'il n'eut par conséquent pas à s'enfuir. Sa condamnation à mort et son exécution en effigie sont des contes inventés dans un but pieux, pour accroître l'horreur de son forfait et montrer comment la Cour de Rome, ce tabernacle de toutes les vertus, savait venger la morale outragée.

« Jules Romain, » dit Vasari, « fit graver par Marc-Antoine, en vingt planches, autant de diverses manières, attitudes et postures dans lesquelles les hommes dissolus couchent avec les femmes, et, ce qui fut pis, sur chaque posture messer Pietro Aretino fit un très impudique sonnet, de sorte que je ne sais ce qui l'emportait en obscénité, des dessins de Jules pour les yeux ou des vers de l'Aretino pour les oreilles. Cet ouvrage fut sérieusement blâmé par le Pape Clément, et, quand il se publia, si Jules n'avait pas été parti pour Mantoue, il en aurait été durement puni par le courroux du Pape. Depuis, comme on trouva quelques exemplaires de ces figures en des lieux où on aurait le moins pensé à les rencontrer, elles furent non seulement prohibées, mais Marc-Antoine fut pris, mis en prison, et il lui serait arrivé triste fin si le Cardinal des Médicis et Baccio Bandinelli ne l'avaient tiré d'affaire. » (*Vie des Peintres*, vol. I, part. III.)

Ludovico Dolce ne parle que de seize estampes, d'accord en cela avec l'Aretino lui-même, auquel il prête la parole, mais il croit que le fait s'est passé sous Léon X, et rapporte que beaucoup de gens croyaient les dessins de Raphaël :

« *Fabbrini*. Puisque vous allez pesant les choses avec la sévérité d'un Socrate, je vous demanderai encore s'il vous semble que Raphaël ait montré de la retenue, quand il dessina et fit graver sur cuivre par Marc-Antoine ces femmes et ces hommes qui s'embrassent si lascivement et si impudiquement ?

» *Aretino*. Je puis vous répondre que ce ne fut point Raphaël qui les dessina, mais bien Jules Romain, sa créature et son élève. Mais, admettons qu'il ait fait tout ou partie de ces dessins, il ne les publia ni par les rues ni dans les églises. Ils tombèrent entre les mains de Marc-Antoine qui, afin d'en tirer profit, les grava pour le Baviera (1), et, sans moi, Marc-Antoine aurait été justement châtié de sa témérité par le Pape Léon. » (*Dialogue de la Peinture, intitulé l'*Aretino.)

Deux passages seulement de la volumineuse correspondance de P. Aretino ont trait au recueil des

---

(1) Le Baviera était un broyeur de couleurs de Raphaël ; il se fit par la suite graveur et, comme ce passage l'indique, éditeur ou marchand d'estampes. Vasari nous raconte que Raphaël lui donnait à surveiller sa maîtresse, la célèbre Fornarina.

Sonnets et des gravures; on en chercherait vainement un troisième. Écrivant à l'un de ses protecteurs, Cesare Fregoso, en Novembre 1527, pour le remercier d'une toque, de ferrets d'or et d'un médaillon que celui-ci venait de lui envoyer, il témoigne de sa reconnaissance en offrant « à son illustrissime Seigneurie quelque chose qu'elle désire peut-être avec tout autant de ferveur : le livre des Sonnets et des Figures luxurieuses. » Dans une autre de ses lettres, par laquelle il dédie ce même recueil à Battista Zatti, chirurgien à Rome (1), il lui dit qu'après avoir obtenu du pape Clément la liberté de Marc-Antoine, jeté en prison pour avoir gravé les Seize Postures (*i XVI Modi*), il s'était senti échauffé du même sentiment qui avait poussé Jules Romain à les dessiner, et qu'alors il avait composé les Sonnets qui se voient au bas : « *Ci sciorinai sopra, i Sonetti che si veggono a i piedi.* »

Ces renseignements sont bien peu de chose, et, comme il n'y en a pas d'autres, tout ce que l'on a pu dire de plus ne repose que sur des rapprochements et sur des conjectures. De ce que l'Arétin, dans sa lettre à Frégose, parle du « livre des Sonnets et des Figures luxurieuses », de Murr et M. Hubaud ont conclu que ce « livre » était imprimé ou tout au moins gravé, puisque, d'après les termes de la lettre

---

(1) Nous donnons cette dédicace, texte et traduction, en tête des Sonnets.

à B. Zatti, les Sonnets étaient placés au bas des estampes; que celles-ci eurent par conséquent deux tirages à Rome, l'un sans les Sonnets, puisqu'elles les inspirèrent, l'autre avec les Sonnets. Ils admettent de plus sans difficulté que les planches passèrent en France et que ce fut bien elles que Jollain détruisit, sans expliquer autrement comment les estampes ont pu devenir introuvables, après tant de tirages multipliés. Nous reviendrons sur ce point; disons tout d'abord que la discussion qu'ils entreprennent sur les diverses éditions des Sonnets, dont la première, gravée au bas des planches, serait de 1524, est entachée d'une erreur capitale, à savoir que les Sonnets auraient été réellement publiés à Rome et à la date indiquée. Les deux savants bibliographes ont été trompés par l'unanimité avec laquelle les auteurs Italiens, en dissentiment sur quelques détails accessoires, s'accordent du moins tous à dire que cette publication, faite par l'Arétin en 1524, causa un affreux scandale; que l'Arétin dut s'enfuir de Rome, ce dont on a les preuves, pour éviter la colère de Clément VII, et que s'il y revint à la fin de cette même année, ce ne fut qu'après avoir obtenu son pardon de l'ineffable bonté du Pontife.

Nous ne savons qui le premier a mis cette fable en circulation. Elle se trouve dans Fontanini *(Biblioteca dell' eloquenza Italiana; la Rettorica,* cap. XII); Apostolo Zeno qui, dans ses Notes, rectifie la moindre inadvertance de l'auteur, n'y contredit en rien; il admettait donc ce point comme hors de doute. Tiraboschi *(Storia della letteratura Italiana, libro* III, *cap.* LI, *paragr.* 98) est d'une précision qui ne laisse rien à désirer : « Pendant plusieurs années, l'Aretino changea souvent de domicile, demeurant tantôt à Mantoue, tantôt à Arezzo, tantôt à Rome, d'où il fut deux fois chassé : la première, par ordre du pape Clément VII, en châtiment des obscènes Sonnets qu'il avait composés sur de plus obscènes dessins de Jules Romain; la seconde, à la suite de cinq coups de poignard qu'il reçut dans le corps, de la main d'Achille della Volta, son rival en amour auprès de la cuisinière du dataire Giberti. » Pour les détails, il renvoie à Mazzuchelli dont la *Vita di Pietro Aretino* est si exacte, si remplie de recherches minutieuses, nous dit-il, qu'on ne saurait mieux faire. Voyons donc sur quoi s'appuie Mazzuchelli; nous traduisons littéralement tout ce qui, dans son livre, a trait à ces deux épisodes de la biographie de messer Pietro :

« Comme il n'a jamais manqué, en aucun temps, d'esprits aussi ingénieux que dépravés, il s'en trouva un à Rome même, pour oser dessiner XVI Postures obscènes, et un autre assez impudent pour les graver sur cuivre. Jules Romain, l'un des meilleurs peintres de son temps, fut celui qui les dessina, et Marc-Antoine Raimondi, de Bologne, celui qui les grava. De telles obscénités devaient justement porter le Pape Clément VII, alors régnant, à châtier l'un et l'autre, et ce fut un bonheur pour Jules, comme le raconte le Vasari (*Vite de Pittori*, vol. I, part.

III, p. 329), d'avoir été vers cette époque réclamé au Pontife par le marquis de Mantoue, grâce à l'intermédiaire du comte Baltassar Castiglione, son ambassadeur, de sorte qu'avant que cette affaire ne se découvrît, ayant obtenu congé du Pape, Jules était parti de Rome. Il n'en advint pas de même à son collègue Marc-Antoine. Celui-ci fut pris, jeté en prison, et peut-être lui serait-il arrivé pis, s'il n'avait rencontré un bon intercesseur en notre Aretino, qui réussit à obtenir du pape Clément, moyennant en outre la protection du cardinal Ippolito de' Medici, non seulement un sursis à de plus graves peines, mais la liberté du graveur. C'est alors que l'envie de voir les susdites Figures étant venue à l'Aretino, poussé de certain esprit impudique au suprême degré, qui lui était propre, il eut l'audace de mettre au bas seize Sonnets concernant les obscénités qui y étaient représentées, et dont nous aurons à parler en faisant l'énumération de ses Œuvres. Cela résulte de l'Épitre dédicatoire par laquelle il lui plut d'adresser ce déshonnête recueil à Battista Zatti, citoyen Romain, et qui se lit dans le tome Ier de ses *Lettres;* mais il est à propos d'avertir que l'Aretino, ou bien composa cette Épître par fantaisie, pour grossir ce premier volume de ses *Lettres,* ou bien qu'elle fut adressée au Zatti longtemps après l'aventure des Sonnets, car elle est datée de Venise, le 19 Décembre 1537. Peut-être encore en a-t-il seulement changé la date, comme il l'a fait pour les autres Dédicaces insérées dans ce volume (1).

---

(1) Ce n'est assurément pas l'Arétin qui a, de propos délibéré, changé la date de ces Dédicaces; Mazzuchelli, biographe du genre hostile, veut toujours voir des fraudes, même où elles ne

» Nous conjecturons que cette affaire peut être le motif pour lequel l'Aretino se trouva forcé de quitter Rome une première fois, après avoir par trop soulevé contre lui les colères de la Cour pontificale. A cette conjecture nous croyons pouvoir en ajouter une autre, à savoir qu'en cette occasion, l'un de ses plus grands ennemis à la cour de Rome fut monseigneur Gian-Matteo Giberti, dataire et

---

sauraient être d'aucune utilité. Lorsque le 1er volume des *Lettres* était à l'impression chez Marcolini, en 1537, Niccolò Franco, alors ami de l'Arétin et son secrétaire, lui fit observer qu'il ferait très bien d'y insérer les Épitres dédicatoires de ses divers ouvrages, puisque c'étaient aussi des Lettres. Cela résulte d'un billet de Franco, imprimé au-devant de ces Dédicaces. L'Arétin y consentit. Comme les typographes achevaient en ce moment le volume et que les lettres précédentes se trouvaient être de Décembre 1537, ils ont mis uniformément cette date, en variant seulement le jour, aux nouveaux morceaux qu'on leur livrait et qui n'en portent aucune en tête des ouvrages où ils sont placés : la Dédicace du *Mariscalco* à la signora Rangona, qui est de 1533, celle de la *Cortigiana* au cardinal de Trente, qui est de 1534, celle de la Première Partie des *Ragionamenti*, au Sapajou de l'auteur (1534), celle de la Seconde Partie, à Bernardo Valdaura (1536), etc. L'Épitre au médecin Zatti eut le même sort. Deux passages nous font croire que la date véritable à laquelle elle fut adressée ne s'éloignait pas beaucoup de 1537 : l'Arétin y fait figurer au rang des illustrations littéraires, par courtoisie pure, Niccolò Franco, très jeune alors, qui n'avait encore presque rien publié et qu'il ne connaissait que depuis 1536 ; secondement, en parlant de l'ouvrage qu'il envoie, il dit : « Les Sonnets de luxurieuse mémoire que je vous dédie ; » cette expression, *de luxurieuse mémoire*, montre qu'il s'agissait d'une œuvre déjà ancienne, à demi oubliée.

conseiller intime de Clément VII; il fut depuis évêque de Vérone. Nous voyons clairement que Giberti, prélat d'un grand zèle, fut un des principaux persécuteurs de Marc-Antoine, le graveur des figures, puisque l'Aretino, dans la Dédicace susmentionnée, affirme que « les dénonciations Gibertines braillaient qu'il fallait crucifier l'excellent artiste. » Nous sommes donc facilement porté à croire qu'en cette rencontre Giberti ne se montra pas moins l'ennemi de l'Aretino. De fait, celui-ci ayant quitté Rome précisément à cet époque, c'est-à-dire en 1524, se vit reprocher en face, lors de son départ, d'avoir perdu les bonnes grâces du Pape, de Giberti, et de s'être ruiné lui-même (*Lettere scritte all' Aretino* (1), tome I, p. 5). Ce qu'il dit encore dans ses *Lettres* (tome VI, fol. 8), que « de la générosité des autres devraient avoir honte les Giberti de la cour de Rome, bourreaux avides de ses talents, de ses bons services et de son sang (2), » rapproché de bien

---

(1) La correspondance de P. Aretino forme deux recueils distincts : l'un des Lettres écrites par lui, en six volumes, publiés séparément, de 1537 à 1557, in-8 ; l'autre des lettres à lui écrites par divers personnages, et qu'il a également fait imprimer lui-même, chez Marcolini, 1552, 2 tomes en 1 volume in-8.

(2) Ces récriminations ont évidemment trait aux coups de poignard que l'Arétin reçut d'un homme de l'entourage de Giberti, Achille della Volta, et non pas aux Sonnets. L'Arétin s'était montré en toute occasion serviable pour le Dataire et il avait même composé, on le verra, une Canzone à sa louange, en 1525 ; quelques mois plus tard, il reçoit des coups de couteau, et le Dataire empêche qu'on ne poursuive le meurtrier : l'Arétin a bien raison de le traiter en bourreau, avide de ses talents, de ses bons services et de son sang, expressions qui n'auraient aucune corrélation avec les faits, dans l'hypothèse où se place Mazzuchelli.

d'autres plus graves outrages que nous omettons volontiers, sans compter ce que nous aurons à dire d'une nouvelle cause de haine qu'il eut contre lui et de la réconciliation qu'il semble, quelques années plus tard, avoir opérée avec l'évêque, tout cela peut donner quelque force à notre conjecture.

» Parti de Rome, l'Aretino se rendit à Arezzo, sa ville natale, en même temps que Jules Romain, qui avait déjà quitté Rome en compagnie du comte Baltassar Castiglione, s'était retiré et fixé à Mantoue, sans néanmoins interrompre ses anciennes relations amicales avec l'Aretino : ils ne cessèrent d'entretenir une correspondance épistolaire. Ce départ de Rome advint, pour l'Aretino, vers le milieu de l'année 1524 : il était, en effet, à Rome, le 24 Avril (V. ses *Lettres*, t. I), et à Arezzo le 3 Août de cette même année (*Lettres à lui écrites*, tome I, p. 5).

» Son séjour à Arezzo fut du reste de courte durée ; il fut bientôt appelé à la cour de ce célèbre Giovanni de' Medici, valeureux capitaine, qui fut le père de Cosme, duc de Florence, et qui alors se trouvait à Fano (V. la lettre du Médicis à l'Aretino, *Lettres à lui écrites*, tome I, p. 5 (1) ; elle est la première du recueil. Celui-ci alla donc le trouver ; comme Giovanni avait quitté le service de l'Empereur

---

(1) Pour la clarté de la discussion, avertissons le Lecteur que cette lettre, simple billet de dix lignes, est citée ici pour la troisième fois. La lettre de Jean des Médicis, celle qui prouve que l'Arétin était à Arezzo le 3 Août, et celle dont Mazzuchelli a déjà tiré l'indication d'un reproche jeté en face à l'Arétin, par un de ses amis, de s'être aliéné les bonnes grâces du Pape et du Dataire, c'est toujours le même document. Nous en donnons plus loin la traduction.

pour les motifs rapportés par le Varchi (*Storia Fiorentina*, lib. II) et qu'il était passé à celui du roi de France, l'Aretino le suivit lorsque peu de temps après Giovanni alla dans le Milanais se joindre à l'armée de François Ier, roi de France, lequel, à la fin de cette même année 1524, était descendu en Italie dans le but de reconquérir le duché de Milan. Peu s'en fallut que l'Aretino ne se fît une place hors ligne dans la faveur de son patron, car il ne manquait pas de qualités singulières, qui, pourvu que la prudence les eût réglées, auraient pu lui concilier de l'estime et de l'affection. Voir ses Lettres (vol. III, fol. 21) et aussi l'un de ses *Capitoli*, adressé au duc de Florence, où il parle en ces termes de Giovanni de' Medici :

> Lui qui avec moi, grâce à sa bonté,
> Ne voulait avoir rien qui ne fût commun,
> Comme s'en peut informer quiconque ne le croit,
>
> Sous Milan, dix fois plutôt qu'une,
> Me dit : « Pietro, si de cette guerre
> » Me réchappent Dieu et ma bonne fortune,
>
> » Je te veux faire le seigneur de ton pays. »
> Mais il plut à l'inique Destin que nous soyons
> Moi, pauvre et vieux, lui, mort et enterré !

» Cela ne lui échut pas seulement près du Médicis, mais encore près du roi François qui, en cette occasion, vint par hasard à le connaître et se prit d'admiration pour lui, à tel point que l'Aretino étant reparti et ayant regagné Rome, quel qu'ait été le moyen de sa réconciliation avec le Pape, un jour que le Médicis s'était rendu à l'audience du Roi, alors en train d'assiéger Pavie, le Roi lui

reprocha de pas lui avoir amené l'Aretino. « J'oubliais
» de te dire, » lui écrivait le Médicis, « que le Roi hier, à
» bon propos, se plaignit de ce que je ne t'avais pas amené
» avec moi, comme d'ordinaire. J'en ai rejeté la faute sur
» ce qu'il te plaisait mieux de séjourner à la Cour que
» dans les camps. Sa Majesté me répliqua que je devais
» t'écrire pour te rappeler, mais je lui jurai que ce ne
» serait pas peu si, t'écrivant lui-même, tu lui obéissais.
» Il a donc chargé le courrier qu'il mande en poste à Rome
» de dire à sa Béatitude qu'elle te donne l'ordre de venir
» près de lui. Je pense que tu viendras, autant pour ton
» profit que pour me voir, moi qui ne saurais vivre sans
» l'Aretino. » (*Lettere scritte all' Aretino*, tome I, fol 6.).
Nous ne pouvons assurer que la chose se vérifia et que
l'Aretino obéit promptement à ce désir marqué. Ce qui
est certain, c'est que peu de temps après, il quitta Rome
de nouveau, avec la résolution de n'y plus jamais revenir,
et que de ce départ fut cause une violente querelle qu'il fit
au Pape Clément VII, « pour n'avoir pas puni certaines
gens, » nous dit-il (Lettres, vol. I, fol. 19), « d'un assassi-
» nat tenté sur sa personne. » Quel fut cet assassinat nous
l'ignorerions encore, malgré toutes nos recherches, si l'ai-
mable Apostolo Zeno, toujours si libéral lorsqu'il s'agit de
communiquer aux autres les notices littéraires les plus
rares, ne nous avait suffisamment éclairé à cet égard, grâce
à un manuscrit unique qu'il détient.

» C'est la *Vie de l'Aretino*, écrite, pour autant du moins
que le signor Apostolo le suppose, par Niccolò Franco,
devenu son ennemi irréconciliable après avoir été son
ami, et composée sous le nom du Berni, en forme de
Dialogue entre Berni et Mauro, ennemis eux aussi de l'A-
retino. Cette Vie nous apprend qu'Achille della Volta,

gentilhomme Bolonais, et l'Aretino, étant tous les deux amoureux de la cuisinière de monseigneur Giberti, dataire du Pape Clément, l'Aretino fit sur cette fille certain sonnet qui, tombé entre les mains d'Achille, irrita violemment celui-ci; moitié par haine pour son rival, moitié pour l'injure, quelle qu'elle fût, qu'il crut trouver à son adresse dans ce sonnet, ayant rencontré l'Aretino seul, il lui donna cinq coups de poignard dans la poitrine et lui estropia de plus les mains. Tel fut l'*assassinat* dont l'Aretino exigea que le Pape et le dataire tirassent punition ; n'ayant pu rien obtenir, il se trouva contraint de quitter la place, si furieux contre l'un et contre l'autre, qu'il alla jusqu'à les invectiver, et Berni, secrétaire de Giberti, lui répondit par ce sonnet enragé :

> Tu en diras et tu en feras tant et tant,
> Langue baveuse, pourrie et sans sel,
> Qu'à la fin se trouvera un poignard,
> Meilleur que celui d'Achille, et plus pénétrant.
>
> Le Pape est pape, et tu es un gredin,
> Nourri du pain d'autrui et de médisances;
> Tu as un pied au bordel, l'autre à l'hôpital,
> Estropié que tu es, ignorant et arrogant !... etc. »

Tel est le récit complet de Mazzuchelli; les deux circonstances dans lesquelles l'Aretino aurait été forcé de s'enfuir de Rome, une fois, en 1524, après l'affaire des *Sonnets luxurieux*, l'autre en 1525, après la tentative d'assassinat, y sont parfaitement caractérisées et qui, plus est, certifiées par des lettres de l'Aretino ou de ses amis. Cependant, la première fuite de Rome, celle qui nous intéresse en ce moment, puisqu'elle prouverait la publication des Sonnets, est une pure fable. Mazzuchelli appuie sa conjecture sur ce que l'Aretino, paisiblement établi à Rome en Avril 1524, comme le prouve une de ses lettres, écrite à cette date, est à Arezzo en Août et y reçoit un billet de son protecteur Jean des Médicis, qui l'appelle à Fano, tout en lui reprochant de s'être aliéné de gaîté de cœur le pape et le dataire Giberti, évidemment à cause de la publication des Sonnets. On trouve bien, au 24 Avril 1524, dans le recueil des *Lettres de P. Aretino*, une lettre de lui, datée de Rome, mais c'est une épitre de condoléances adressée à François Ier, prisonnier de Charles-Quint ; il l'y exhorte à se montrer au-dessus de la mauvaise fortune et espère dans la magnanimité du vainqueur. Cette lettre est donc postérieure à la bataille de Pavie (24 Février 1525) et par conséquent mal datée, comme beaucoup d'autres de ce recueil ; elle doit être d'Avril 1525. Les *Sonnets luxurieux* aussi sont postérieurs à la bataille de Pavie, comme nous allons le démontrer tout à l'heure très facilement, et alors il est évident que si, d'après la lettre de Jean des Médicis, l'Aretino se trouvait en Août à Arezzo, ce petit voyage n'était pas une fuite et n'avait aucun rapport avec l'histoire des Sonnets ; le biographe, sous l'empire d'une idée fixe, d'une opinion arrêtée, a dû voir dans cette lettre ce qui n'y est aucunement. La voici :

« *Au prodigieux Pietro Aretino, ami véritable.*

« Pietro Aretino, je te prie, au reçu de la présente, de

partir d'Arezzo et de venir rester près de moi ; je le désire cordialement, encore bien que je ne devrais le faire, de dépit de ce que tu t'es laissé ainsi rouler *(metter suso)* par Fra Niccolò et le Vasone, puisqu'en t'aliénant Giovan-Matteo, tu t'es aussi aliéné le Pape ; de sorte que toi, qui devrais donner des lois au monde, tu t'es ruiné, non sans préjudice pour moi, car tant que tu étais à Rome, à la Cour, j'avais en toi quelqu'un qui défendît hardiment la raison d'être de ce que j'ai fait jusqu'à présent et de ce que je suis encore pour faire. Je t'attends donc, certain que c'est par bonté, et non pour autre cause, que tu es sorti des bornes, et je veux te donner ce témoignage, que tous les autres pourraient faire des vilenies, mais toi, jamais, jamais.

« De Fano, le 13 août 1524,
ton
Giovanni de' Medici. »

Il s'agit là tout uniment de quelque intrigue de Palais, de quelque affaire où l'Aretino, en compétition avec Fra Niccolò et l'évêque de Vaison, avait vu ceux-ci lui être préférés ; il s'était emporté, était « sorti des bornes », avait peut-être fait un Pasquin, suivant son habitude, contre Giovan-Matteo Giberti, le Dataire, conseiller intime du Pape : de là, brouille complète, mais elle fut de peu de durée et n'empêcha pas l'Aretino, revenu à Rome après un court voyage à Arezzo, à Fano peut-être, d'écrire un poème en l'honneur de Clément VII et une canzone en l'honneur du Dataire. Jean des Médicis regrette ce différend, moins pour l'Aretino que pour lui-même, qui y perd un défenseur de sa conduite, c'est-à-dire de la volte-face qu'il était en train de faire, passant du service de l'Empereur à celui de son rival François Ier, ce qui fixe bien la date de la lettre au mois d'Août 1524. Ce n'est qu'en usant de la plus grande liberté d'interprétation qu'on y peut voir des reproches jetés à la figure d'Aretino pour avoir composé un livre obscène. Les Sonnets n'avaient d'ailleurs pas encore vu le jour.

Nous tirons la preuve de ce qu'ils n'ont été écrits, au plus tôt, qu'en 1525, de ce que l'un d'eux, le IVe, renferme une allusion fort claire à la captivité de François Ier. Cette captivité, comme plus tard celle de Sainte-Hélène, ce roi chevaleresque, ce Paladin fait prisonnier sur le champ de bataille, l'attente où, pendant une année entière, l'Europe resta du dénouement qu'aurait une si étrange aventure, avaient fortement ému les imaginations. Rien d'étonnant donc à ce que les écrits du temps aient gardé quelque trace, par des allusions sérieuses ou plaisantes, de ce qui causait la préoccupation de tous et en particulier de l'Aretino, confident des trois grands premiers rôles de la pièce : le Pape, le Roi et l'Empereur. Dans le Sonnet IV, qui commence par ce vers :

Posami questa gamba in su la spalla,

il feint qu'un léger débat s'émeut entre les deux amoureux qu'il met aux prises ; la belle ne veut se rendre que d'une certaine façon, et elle finit par dire au galant que, s'il n'est pas content, il peut aller se promener. Le galant, qui n'a aucune envie de s'en aller, réplique :

« *Io non me n'anderia,*
» *Signora cara, da cosi dolce ciancia,*
» *S' io ben credessi campar il Rè di Francia !* »

« Je ne quitterais point,
» Chère Signora, si doux amusement,
» Quand même je croirais délivrer le Roi de France ! »

L'allusion est manifeste. Ne nous étonnons pas qu'elle ait échappé aux critiques Italiens ; pour eux l'Aretino est un homme qu'on ne peut prendre qu'avec des pincettes : ils en ont légèrement parcouru les Lettres, par acquit de conscience, mais pour tous ses autres ouvrages, surtout les *Ragionamenti* et les Sonnets, ces damnables débauches d'esprit, ils se sont bien gardés d'en lire deux lignes. MM. Hubaud et de Murr, qui n'avaient évidemment pas les mêmes scrupules, se seront trop fiés aux éditions communes des Sonnets, qui sont très fautives, et dans lesquelles, le texte ayant été rajeuni et remanié, l'allusion a disparu. Rien ne s'oublie vite comme les événements historiques, même ceux qui ont eu en leur temps le retentissement le plus considérable. Dans la *Vie de Bohême*, de Mürger, Rodolphe amenant chez lui une Mimi d'occasion dont il vient de faire la conquête, la naïve jeune fille lui dit, sur le pas de la porte : « Du moins êtes-vous » fidèle, Monsieur ? — Oh ! Mademoiselle ! » répond Rodolphe, « mes amis m'ont surnommé le général

» Bertrand de l'amour ! » Peut-être ce passage aurait-il besoin dès à présent d'être expliqué en note, au moins pour les lectrices ; dans vingt-cinq ans la note sera nécessaire pour tout le monde, et un contrefacteur Belge, si on contrefait encore la *Vie de Bohême*, ne comprenant absolument rien à ce général Bertrand, le remplacera par autre chose. C'est ce qui est arrivé au Sonnet IV, devenu le Sonnet VIII, dans les éditions où ces pièces sont au nombre de vingt-six ; les contrefacteurs, fort ignorants, ont corrigé le dernier vers qui, pour eux, n'avait pas de sens, et ils ont mis :

« *Io non mi levaria,*
» *Signora cara, da si dolce ciancia,*
» *Se me lo comandasse il Rè di Francia.* »

» *Je ne quitterais point,*
» *Chère Signora, si doux amusement,*
» *Quand me le commanderait le Roi de France.* »

Il ne reste plus la moindre trace de la captivité de François Ier. De Murr et M. Hubaud ont bien remarqué que le texte des éditions qui renferment vingt-six Sonnets, était en général très altéré, mais ils ne se sont pas astreints à collationner vers par vers. Quant à Mazzuchelli, eût-il aperçu l'allusion, qu'il n'en aurait pas été plus avancé, puisqu'il ne voyait pas d'inconvénient à ce que l'Aretino écrivit, dès le mois d'Avril 1524, une Épître de condoléances à François Ier prisonnier.

La publication des *Sonnets luxurieux* en 1524, et

le départ forcé de Rome, qui aurait été pour l'Aretino la conséquence de cet esclandre, doivent donc être relégués au rang des fables. Les faits ne peuvent pas mieux se passer en 1525. On a vu que Mazzuchelli, ayant cru fournir des preuves de ce départ forcé, est néanmoins obligé d'admettre que l'Aretino était revenu à Rome et rentré en grâce dès la fin de 1524, « quel qu'ait été, » nous dit-il, « le moyen de sa réconciliation avec le Pape. » L'Aretino n'eut pas à reconquérir les bonnes grâces de Clément VII, par la raison qu'il ne les avait point perdues. Ces deux années furent l'époque de sa plus haute faveur à la Cour de Rome ; il ne cessa d'y résider, malgré les courtes excursions qu'il put faire à Arezzo, en Août 1524, et, en Janvier 1525, au camp de Pavie, où Jean des Médicis le menait chaque matin à l'audience de François Ier. S'il était à Arezzo le 3 Août 1524, cela ne l'empêchait pas, on va le voir, d'être de retour à Rome le 23 du même mois. Revenu du camp de Pavie à la fin de Janvier 1525, il continua de séjourner à Rome jusqu'à l'assassinat dont il fut victime, en Juillet de la même année, sans que l'on puisse saisir le moindre indice d'un scandale quelconque causé par la publication des fameux Sonnets.

Nous tirons ces derniers renseignements de documents restés inédits jusqu'en 1866. M. Armand Baschet, qui a dépouillé si patiemment et si fructueusement les principales archives de l'Italie, a découvert dans celles de la maison de Gonzague, à

Mantoue, une série de lettres qui font un jour complet sur cette question si controversée (1). Elles se rapportent, pour la plus grande partie, aux années 1524 et 1525, c'est-à-dire à la période durant laquelle aurait dû avoir lieu l'affaire des Sonnets, si les récits qu'on en donne étaient exacts. Les premières sont d'une époque un peu antérieure : elles montrent sur quel pied d'intimité messer Aretino, ce mécréant, vivait avec le cardinal Jules des Médicis dans l'année même de son élection au pontificat sous le nom de Clément VII (2); voilà ce que les biographes et bibliographes Italiens, Fontanini, un évêque, Tiraboschi, un abbé, ont cherché à dissimuler par tous les moyens, et se sont peut-être dissimulé à eux-mêmes, n'admettant pas qu'un homme si mal famé ait pu jouir d'un si grand crédit et d'une si haute estime auprès de Papes, Cardinaux, Prélats, Seigneurs et Monseigneurs. Mazzuchelli l'accuse formellement d'avoir, en les imprimant, falsifié ou adroitement retouché les Lettres où se trouvent ces preuves de crédit et d'estime ; les pièces d'archives lui donnent là-dessus le plus beau démenti. Les Lettres qui suivent celles de 1523 nous le font voir à Rome, jouissant sous le nouveau Pape d'une faveur telle, qu'un grand prince, le marquis

---

(1) *Documenti inediti su Pietro Aretino*, publiés dans l'*Archivio storico Italiano, terza serie*, tomo III, *parte* II *(Firenze, 1866)*.

(2) Jules des Médicis fut élu Pape sous le nom de Clément VII, après la mort d'Adrien VI, le 19 Novembre 1523.

de Mantoue, s'ingénie de toutes les façons à lui complaire, semble n'entretenir son ambassadeur près du Saint-Siège que pour s'enquérir des faits et gestes de messer Pietro, deviner les cadeaux qui lui feront plaisir, s'assurer de son appui, et aussi tâcher de se procurer ces satires, ces épigrammes, ces Pasquins sur lesquels le poëte avait basé son renom, en même temps que la peur qu'on avait de lui, et que tout le monde se disputait. Les dernières enfin ont trait à cette tentative d'assassinat qui seule le décida à quitter Rome, et sur laquelle nous n'avions jusqu'ici que des allusions obscures de la victime, ou les assertions d'un libelle calomnieux, plus rempli d'injures que de faits avérés. Cette Correspondance est donc curieuse à tous les titres, aussi la traduisons-nous intégralement.

I. *Le Cardinal Jules des Médicis au Marquis de Mantoue.*

Illustre et excellent Seigneur et frère bien aimé,

Messer Pietro, porteur de la présente, m'est, à cause de ses rares vertus, si agréable et si cher, que pour aucune autre personne que Votre Excellence, je n'aurais consenti à m'en priver. Mais, puisqu'il a sollicité de moi la permission de se rendre près de vous, je la lui ai gracieusement accordée, nous excusant bien, lui et moi, si son arrivée chez Votre Excellence vous semblera un peu tardive : la faute en est, non à l'un ou à l'autre de nous, mais à deux graves indispositions qui lui sont survenues, comme vous pourrez l'apprendre de sa propre bouche, et je vous jure que le dit messer Pietro n'est pas moins désireux de servir Votre Excellence, que moi-même. Outre l'affection qu'Elle lui porte, je le lui recommande donc instamment; *quæ diu felicissime valeat*, etc. *Florentiæ, iij Feb. 1523.*

FR. JUL. VICECANCELL. (1)

II. *Le Marquis de Mantoue au Cardinal des Médicis.*

Révérend Monseigneur et Seigneurie illustrissime,

Je ne doute pas que la présence du très ingénieux messer Pietro Aretino ne fût un honneur pour la Cour de Votre Seigneurie et, pour Elle-même, une honorable satisfaction, étant d'un tel caractère que, dans les affaires, il vous sert d'agréable repos, et que, dans les loisirs, il sait et peut vous récréer. Si donc le sachant tel, je le recherche plus que je ne devrais, puissent me servir d'excuse la joyeuse affabilité, l'esprit rare et singulier, l'enjouement des propos et la finesse des saillies de notre Aretino! Qui aura droit de me condamner si je prends mon plaisir, mon agrément, mon divertissement d'un homme qui plaît, qui agrée à Votre Seigneurie et la divertit? Pour cette raison, qu'Elle m'absolve donc de tout péché, si c'est un péché que d'aimer cette élégance littéraire, cette délicate variété de propos que l'on rencontre si abondamment en le dit messer Pietro, et qui contraignent à le retenir.

---

(1) Le Cardinal remplissait alors les fonctions de vice-chancelier près d'Adrien VI.

Néanmoins, puisque Votre Révérendissime Seigneurie s'est montrée si libérale envers moi en me le prêtant, je ne me montrerai pas avare quand il s'agira de le lui rendre, à condition que, si je le lui redemande, Elle ne me le refuse pas, ce que je considérerai comme une faveur particulière, au cas qu'Elle me l'accorde. N'était le respect que je porte et l'obligation que j'ai à Votre Seigneurie, n'était l'affection sincère et à nulle autre seconde que messer Pietro a pour Elle, j'aurais essayé d'orner ma Cour d'un si précieux joyau. Ces deux raisons m'en empêchant, il ne me doit pourtant pas être défendu d'espérer d'en jouir quelques jours, et je prie donc Votre Seigneurie de l'agréer. Je reconnais qu'à un personnage très occupé, comme vous l'êtes, un tel homme est certainement de suprême récréation et de prodigieux amusement ; aussi m'efforcerai-je de vous le restituer au plus tôt, et si ce plus tôt vous paraît venir bien tard, pour moi il ne viendra que trop vite. Sinon que je ne veux me fermer la porte, avec Votre Seigneurie illustrissime, de le ravoir en autre temps, de sa bonne grâce, je le retiendrais certes plus longtemps que je ne ferai cette fois. En attendant, qu'Elle soit certaine que je lui en resterai éternellement obligé, lui rendant les immortelles grâces qui se doivent pour une si affectionnée personne. Je ne cesse de me recommander à Votre Révérendissime Seigneurie. De Marmirolo, 24 Février 1523.

III. *Le Cardinal des Médicis au Marquis de Mantoue.*

Illustre et excellent Seigneur et frère bien aimé,

Encore que les excellentes qualités de notre messer Pietro Aretino, bien connues et bien appréciées de Votre

Excellence, comme je crois le voir par sa lettre du 24 du mois passé, me soient à moi souverainement agréables, je ne prends pas moins de plaisir et de contentement de la satisfaction que vous en avez; quelle elle est, la susdite me le fait bien connaître. Puisque Votre Excellence, en s'excusant d'avoir retenu messer Pietro jusqu'à présent, se montre si désireuse de le garder encore quelques jours auprès d'Elle, qu'Elle me dit que, n'était par égard pour moi, sachant combien je l'aime et le tiens à cœur, Elle aurait durant quelque temps orné sa Cour de ce joyau, je lui réponds que nul ne peut à bon droit être dit libéral, si les libéralités qu'il fait ne sont pas prises sur ce qu'il a de plus cher et de plus précieux. Par conséquent, en confirmant à Votre Excellence que messer Pietro m'est aussi précieux et aussi cher qu'Elle le dit, je désire qu'Elle le retienne et en profite aussi longtemps qu'Elle le voudra et qu'Elle y aura plaisir. Je ne puis avoir de plus grande satisfaction que d'apprendre que Votre Excellence serait heureuse d'avoir chose dont je puisse disposer, puisque c'est pour moi une occasion de lui prouver combien je tiens toujours à lui être agréable. Je ne crois pas non plus qu'il déplaira à Messer Pietro de rester près d'Elle, l'ayant toujours connu avide et désireux de la servir, ce que faisant il me cause encore plus de joie que s'il servait ma propre personne, et je lui en sais plus de gré que s'il était à mon service. Si en quelque autre chose je puis complaire à Votre Excellence, qu'Elle me le marque, et Elle me trouvera toujours on ne peut mieux disposé à la satisfaire en tout. Je me recommande à Elle. *Quæ felicissime valeat. Ex Corregio, xij Martii 1523.*

FR. JUL. VICECANCELLARIUS.

IV. *Messer Labbadino au Marquis de Mantoue.*

..... (1) J'ai parlé au Révérendissime Messire (2) de M. Pietro Aretino ; je lui ai donc dit que Votre Excellence ne pouvait plus le retenir à Mantoue, parce qu'il voulait à toute force retourner à Florence. Son Éminence m'a répondu que c'était une cervelle légère et instable, et Elle ne me dit autre chose ; à quoi je m'aperçus qu'Elle savait bien qu'il ne resterait pas à Mantoue, de sorte que Votre Excellence peut le congédier quand bon lui semblera. Il est bien vrai que messer Paulo d'Arezzo m'a dit, qu'à cause de certaines nouvelles satires affichées dans Rome contre le Pape et quelques-uns des cardinaux, Sa Sainteté avait écrit un Bref à Médicis et voulait le lui remettre en mains propres ; je pense que, si Elle vient à Florence, le Cardinal le pourra malaisément défendre. Rome, 23 Mars 1523. De Votre Illustrissime Seigneurie,

l'humble esclave,

LABBADINO.

V. *Le Marquis de Mantoue au Cardinal des Médicis.*

Révérend père en Christ, illustre et très honoré Seigneur et père,

Si j'avais le plus grand désir de posséder l'excellent messer Pietro Aretino avant que Votre Révérendissime

---

(1) Cette lacune existe dans l'Italien ; M. Armand Baschet n'a donné de certaines lettres que ce qui regardait messer Pietro.

(2) C'est-à-dire au Cardinal Jules des Médicis, qu'il avait rencontré à Caregi le 21 Mars.

Seigneurie ne me le concédât, je n'en serai que plus désireux encore après son départ, maintenant que durant ces jours-ci, qui m'ont semblé un moment, j'ai pu apprécier ses rares qualités et jouir des agréments de son brillant génie. Je n'aurais certes pu consentir à lui donner congé, quoiqu'il me le demandât instamment, si ce n'était qu'il s'en retournait près de Votre Révérendissime Seigneurie, à laquelle je reconnais la grande obligation que j'ai, puisque, par amour pour moi, Elle s'est privée si longtemps d'une compagnie digne d'être désirée à toute heure. Je l'en remercie infiniment et mets cette grâce au nombre des plus grandes obligations que je lui aie. Bien qu'il semble superflu de recommander à Votre Seigneurie ses propres serviteurs, néanmoins, messer Pietro étant par le fait devenu aussi l'un des miens, je la prie de l'avoir en recommandation pour moi. Si je savais avoir chose au monde d'autant de prix que lui, j'en offrirais l'échange à Votre Seigneurie ; mais comme on ne le pourrait échanger contre quoi que ce soit, j'en reste d'autant plus obligé vis-à-vis d'Elle, à qui je me recommande de cœur. Mantoue, 15 Avril 1523.

  VI. *Pietro Aretino au Marquis de Mantoue.*

Vous ayant choisi pour mon Dieu parmi les hommes, force est que j'essaye de tous les moyens pour vous montrer combien est grande ma dévotion et, puisqu'en toutes choses je suis infime, il faut bien que ce soit au moyen d'infimes présents que je fasse souvenir Votre Altesse de mon fidèle et entier attachement. Je vous envoie donc, non en cadeau, mais pour vous rappeler que je vous adore, quatre peignes d'ébène : parmi eux, le plus noir est celui dont Vénus se servait pour peigner ses crins d'or, et cependant on est là-dessus d'opinions diverses; il y en a qui disent que c'était le peigne de la Révérende concubine de Grassis (1); d'autres, celui de Madama Honesta, épouse de ce gredin d'Armellino (2); qui dit une chose, qui une autre. Mon opinion, à moi, est que ce doit être le peigne de la sacratissime Religieuse, lavandière du Pédant Adrien (3). Je l'ai eu par nécromancie.

Les autres sont très certainement ceux dont Mars se peignait la barbe, et les lui a enlevés de force l'horrible Malatesta de' Medici. C'est maître Pasquin qui me les a donnés.

Je vous envoie encore une paire d'éperons d'os de mule : ils ont appartenu à Saint Pierre, premier Pape, et leur généalogie serait trop longue à raconter. Suffit que le Pontife cherche à les avoir, parce qu'il croit qu'avec une paire d'éperons d'os de buffle, il va tout de suite chasser les Turcs, comme Sa Sainteté pousse sa mule en la piquant par en dessous. Mais moi, qui suis un désespéré et qui crois à peine au *Credo*, je ne veux pas que cette grosse bête les ait, et, pour que la Croisade n'aille pas plus avant, je les donne à Votre Excellence.

De plus, je vous envoie une chaîne, très noire, fine et fort jolie, féminine et amoureuse. Elle appartenait à Cupidon, ce fripon de bardache, et je ne sais comment elle m'est venue entre les mains.

Je vous adresse encore une boîte de musc. Cette boîte,

---

(1) Páris des Grassis, Maître des Cérémonies de Léon X.

(2) Un Cardinal.

(3) Adrien VI, qui avait été précepteur (en Italien *pedante*) de Charles-Quint.

certain chevalier Malvezzi l'a rapportée de Rhodes, et il prétend que le Grand Turc la lui a donnée à l'occasion d'une épouvantable prouesse dont il fut le héros, lors de la reddition de la Levra. Daignez donc, Prince très courtois, accepter ces bagatelles, par égard pour l'affection que je vous porte, et, cela faisant, vous me rendrez certain que mon attachement vous est cher. Mais, comme je sais que c'est la coutume de votre gentillesse de rendre cent pour un, je vous supplie de me faire acheter deux bonnets d'homme, l'un de drap d'or et d'argent, parfilé de soie noire, comme on les porte à Mantoue, l'autre de soie noire et d'or. Je mettrai cela au nombre des faveurs infinies que j'ai reçues de Votre Seigneurie Illustrissime.

Monseigneur, si je vous harcèle ainsi de mes demandes de grâces, ce n'est point chez moi présomption : un si grand Prince que vous ne doit pas congédier ses serviteurs sans leur accorder leurs requêtes, et le devoir des grands Seigneurs est d'en agir comme vous faites, vous qui accordez à tous des grâces délicates et rendez chacun heureux et content, non pas seulement en promesses. C'est pourquoi, le plus humblement que je puis, je vous supplie de me faire une singulière faveur, et je m'adresse à vous, d'un front aussi assuré que je m'adresse d'ordinaire au Cardinal des Médicis, père de Votre Excellence. La faveur que je vous demande, c'est l'octroi de l'ordre du Camp à Primo Perini, noble Florentin, porteur de la présente. Je sais que Votre Excellence Illustrissime a pris la ferme résolution de ne plus l'accorder, mais je n'en estime que davantage cette distinction : d'avoir ce qui ne se refuse à personne, ce ne serait pas aussi flatteur pour mon attachement. Si néanmoins Votre Seigneurie Illustrissime était résolue à ne pas le faire, je la conjure, par cette langue destinée à chanter ses louanges, qu'au moins elle daigne me faire obtenir celui de Nuvolara, et je vous jure, par l'amour que je porte à votre honneur, que vous me faites en ce cas une faveur unique et dont vous aurez bon remerciement.

J'oubliais justement quelque chose. J'ai reçu de Rome un petit bronze, personnage nu, d'une haute antiquité, trouvé dans les fondations des latrines que fait édifier le prodigue Trincaforte (1) à la perpétuelle mémoire du pontificat d'Adrien VI et de son propre Datariat. Les connaisseurs, comme qui dirait Zeccotto, le Génois, disent qu'il est de la main d'Hénoch et d'Hélie, et je le crois, puisque Hélie et Hénoch étaient sculpteurs et prophètes. Comme j'aime fort Mantoue et que je ne veux pas qu'un objet si rare tombe entre les mains d'ignorants, je l'envoie au Marnoldo, joaillier des Antonins; vraiment, maître Manigoldo est digne d'avoir un tel morceau de sculpture et, que Votre Seigneurie Illustrissime le sache, le Pape en a offert je ne sais combien de milliers d'écus. L'expérimenté Mainoldo s'estimera donc heureux de l'avoir, par main de notaire. Au cas que Votre Seigneurie invincible aille conférer de quelque porcelaine avec le gentil messer Marnoldo, qu'elle le lui montre et le lui fasse paraître d'or.

Le signor Giovanni, qui est à l'extrême-onction pour l'amour de vous, baise les mains et les pieds à Votre Excellence et vous recommande le différend qui le ruine; vous savez combien il est votre serviteur et que nul autre

---

(1) Le Cardinal Enckfort, Hollandais comme Adrien VI, qui l'avait nommé son Dataire. Son nom Italianisé est écrit Nincaforte par Vasari; l'Arétino en fait Trincaforte, Trinque-fort.

au monde ne vous adore davantage. Vous pourrez faire de lui ce que voudrez, et je crois que ce ne sera pas dans bien longtemps. Rien d'autre. La vigile du corps et du sang du Christ. De Reggio, 1523.

De Votre Excellentissime Seigneurie,
le dévoué serviteur,
Pietro Aretino.

VII. *Le Marquis de Mantoue à Pietro Aretino.*

Très cher messer Pietro,

Si je n'ai pas satisfait aussitôt à votre demande, c'est une absence qui en est cause; mais je suis d'intention et serai toujours très prompt à vous complaire. En m'envoyant un de mes gens à cet effet, vous avez épargné la peine d'un des vôtres, que je vous dépêche dans le but de satisfaire le désir que vous m'avez manifesté; le nôtre est de vous donner très volontiers.

La canzone que vous avez faite a l'imitation de messer François Pétrarque m'a souverainement plu; vous l'avez, à notre jugement, de beaucoup dépassé et laissé bien loin derrière vous dans la lice.

Quant à notre voyage à Rome, nous ne pouvons d'aucune manière vous en assurer pour le moment; mais, en toute occurence, soyez certain que nous sommes disposé à faire toute chose qui vous soit agréable.

Je me recommande au signor comte Guido, et suis tout à votre disposition. De Marmirolo, le 27 Août 1524.

Le tout entier vôtre,
Marquis de Mantoue.

VII. *Le Marquis de Mantoue à Pietro Aretino.*

Excellent et docte messer Pietro, notre cher ami,

Il m'avait été rapporté par quelques personnes dignes de foi, et en dernier lieu j'ai appris, par une lettre du Magnifique chevalier messer Francesco Gonzaga, notre bien-aimé Ambassadeur, à notre grand plaisir et contentement, qu'en toute occasion, dans les endroits les plus illustres et les mieux fréquentés de Rome, et, ce qui importe bien davantage, en la présence même de Notre Seigneur (1), Sa Sainteté, dans sa bénignité, vous prêtant volontiers l'oreille (2), vous parlez de nous si honorablement qu'il n'est rien que vous fassiez avec plus de plaisir. Nous vous en avons une obligation extrême et ne pouvons nier que ce soit pour nous une grande joie d'être ainsi loué de doctes personnes, les seules dont la louange soit vraie et solide, spécialement de vous, sachant que vous ne nous exaltez pas dans l'intention de nous flatter, vice dont vous êtes on ne peut plus éloigné. Bien qu'il soit impossible que vous n'excédiez pas quelquefois les bornes de notre mérite et que votre éloquence ne dépasse de beaucoup son sujet, cela ne peut tenir qu'à la surabondance de l'amour que vous nous portez et qui rend votre jugement partial. Qu'il en soit ce qu'on voudra, il nous plaît d'être souvent dans votre bouche de telle façon, vous

---

(1) Les Italiens de ce temps, pour désigner le Pape, l'appellent indifféremment Sa Sainteté, Sa Béatitude et Notre Seigneur, nom que nous autres nous réservons à Jésus-Christ.

(2) C'était dès lors Clément VII, le cardinal Jules des Médicis, élu Pape depuis un an.

que l'on écoute si volontiers, et nous sommes surtout bien heureux de ce que la Sainteté de Notre Seigneur daigne vous accorder audience en ceci. Nous vous remercions infiniment d'un si bon office. Mais comme un si notable service requerrait d'être payé autrement que d'actions de grâces et de paroles, si l'occasion se présente de vous manifester notre gratitude en effets, nous le ferons plus que volontiers. En attendant, nous vous prions de continuer à nous aimer et de tenir pour certain que vous êtes, en échange, très aimé de nous ; quoique loin l'un de l'autre, de corps, nulle distance ne sépare les âmes, qui peuvent toujours être ensemble. Souvenez-vous donc fréquemment de nous, surtout s'il vous survient chose en quoi nous puissions vous être agréable. Nous voulons aussi vous prier de nous faire quelquefois part de vos compositions quand vous faites quelque chose qui peut nous divertir, encore bien que toutes vos productions nous divertissent toujours ; et toujours nous sommes à vos souhaits et désirs. Mantoue, 13 Novembre 1524. Je vous en prie, envoyez-moi quelque chose de vous (1).

Le tout entier vôtre,
MARQUIS DE MANTOUE.

IX. *Francesco Gonzaga (2) au Marquis de Mantoue.*

Illustre et excellent Monseigneur et maître,

Aujourd'hui j'ai rempli près de Notre Seigneur, comme Votre Excellence me l'avait ordonné, l'office d'aller remercier Sa Sainteté et de lui baiser les pieds en votre nom, à

---

(1) Les derniers mots sont ajoutés de la main du Prince.
(2) Ambassadeur du Marquis de Mantoue à Rome.

l'occasion des affectueuses et bienfaisantes mesures qu'Elle a prises, touchant la protection dont Sa Béatitude entoure Votre Excellence et ses États. Elle m'a répondu que ce qu'Elle fait pour vous, Elle répute le faire pour elle-même, n'étant pas pour vous manquer jamais en fait, selon que les occasions se présenteront, et Elle m'a chargé de vous saluer au nom de Sa Béatitude. J'ai remercié aussi Messer Pietro Aretino des obligeants services qu'il rend en faisant l'éloge de Votre Excellence, comme vous m'en aviez chargé par votre lettre du 5 de ce mois. Je lui ai dit combien vous êtes sensible aux louanges des doctes personnages comme lui, et combien vous l'aimez cordialement. Il m'a répondu qu'il se reconnaissait si fort obligé à Votre Excellence, pour les démonstrations effectives qu'Elle lui en a faites depuis qu'Elle est entrée en relations avec lui, qu'il n'était pas homme à l'oublier jamais et à manquer de rendre bon témoignage, en quelque lieu qu'il se trouve, de ses mérites et de sa libéralité ; il a ajouté que causant familièrement dans la soirée trois jours auparavant, avec Notre Seigneur, au sujet de Votre Excellence, il avait fait entendre à Sa Béatitude qu'autrefois vous lui aviez dit désirer extrêmement d'avoir un tableau, peint de la main de Raphaël d'Urbin, où est représenté au naturel le Pape Léon, d'heureuse mémoire, en même temps que Sa Sainteté et divers autres personnages (1), lequel

---

(1) C'est un des chefs-d'œuvre de Raphaël ; Léon X est représenté assis entre ses deux neveux debout, le cardinal Jules des Médicis, le futur Clément VII, à sa droite, et le cardinal des Rossi à sa gauche. Naples et Florence se disputent encore la possession de l'original de ce tableau, dont on va voir toute l'histoire ; on croit pourtant que l'original est à Naples, au Musée des Études,

tableau était dans son palais, à Florence. Sa Sainteté lui a reproché doucement de ne lui avoir pas plus tôt manifesté ce désir de Votre Excellence, disant qu'Elle l'aurait exaucé depuis longtemps. Mais ce qui n'a pas été fait se fera, et Elle va ordonner qu'on vous envoie aussitôt ce portrait à Mantoue, pour vous bien montrer que c'est la moindre des choses en quoi Sa Béatitude désire vous faire plaisir. Messer Pietro baise les mains de Votre Excellence et se recommande à ses bonnes grâces. De Rome, le 13 Novembre 1524, à deux heures de nuit.

De Votre Illustrissisme Seigneurie,

Le très fidèle serviteur,

FRANCESCO GONZAGA.

X. *Imperio Ricordato à la Marquise Isabella de Mantoue.*

... Votre Excellence pourra annoncer à Gianozzo que le Pape a fait Pietro Aretino chevalier de Rhodes.... Rome, 13 Novembre 1524.

IMPERIO RICORDATO.

XI. *Le Marquis de Mantoue à messer Francesco Gonzaga.*

... Remerciez en notre nom messer Pietro Aretino, qui non seulement dit du bien de nous si volontiers et se loue de nous en toute occasion, mais qui encore s'occupe de nous faire avoir ce qui nous est si agréable et ce que nous désirons extrêmement, c'est-à-dire le portrait du Pape

Léon, d'heureuse mémoire, et celui de Notre Seigneur par la main de Raphaël d'Urbin. Remerciez-le d'en avoir parlé au Pape si opportunément, que Sa Sainteté n'ait pu le refuser et me l'ait offert si volontiers et si promptement. Dites-lui que j'attends ce tableau avec la plus grande impatience ; si l'ordre de me le faire envoyer de Florence n'a pas encore été expédié, veillez à ce qu'il le soit, et allez baiser humblement les pieds de Notre Seigneur, en lui disant les paroles qui vous sembleront les plus convenables. Le 23 Novembre 1524.

XII. *Francesco Gonzaga au Marquis de Mantoue.*

Illustrissime et Excellentissime Seigneur et maître,

J'ai lu à messer Pietro Aretino le paragraphe qui le regardait ; il m'a dit que ce soir même il entretiendrait Sa Sainteté du tableau qui doit être envoyé à votre Excellence, à laquelle il baise les mains et aux bonnes grâces de laquelle il se recommande. Il m'a promis de vous envoyer une Canzone qu'il a récemment composée, qui est véritablement fort belle, et qu'il pense devoir faire grand plaisir à Votre Excellence ; elle est sur le sujet de la guerre actuelle (1). De Rome, le dernier de Novembre, quatre heures de nuit.

XIII. *Francesco Gonzaga au Marquis de Mantoue.*

Illustrissime et Excellentissime Seigneur et maître,

Messer Pietro m'a dit avoir parlé à Notre Seigneur du tableau qui doit être envoyé à Votre Excellence ; Sa

---

(1) La campagne de Pavie.

Sainteté a fait écrire à Florence que certain excellent peintre de la ville (1) en fasse immédiatement une copie, qu'Elle veut garder en souvenir du Pape Léon, et sitôt cette copie achevée, Sa Sainteté a commandé d'envoyer à Votre Excellence celui qui est de la main de Raphaël d'Urbin. Messer Pietro m'assure qu'il vous fera parvenir la Canzone qu'il vous a promise dès qu'elle aura été imprimée, vous l'ayant, m'a-t-il dit, dédiée, par une petite Épître liminaire. Outre cela, il m'a très instamment recommandé de supplier Votre Excellence qu'elle veuille bien lui faire avoir deux paires de chemises brodées d'or, à la mode de celles qui se portent actuellement, et deux autres paires brodées de soie, en même temps que deux bonnets brodés d'or, que ce sera pour lui une grâce particulière. Il la prie de l'excuser s'il prend trop d'assurance vis-à-vis d'Elle, les démonstrations d'amitié et les offres que lui a faites Votre Excellence, jointes à l'attachement dévoué qu'il a pour Elle, lui donnant pleine confiance d'avoir recours à Elle en ses nécessités. Plus vite les susdits objets pourront lui être expédiés, plus ils lui seront agréables. Je lui avais bien dit d'écrire lui-même pour ce sujet à Votre Excellence ; mais néanmoins il m'a si instamment prié de m'en charger, que, pour l'obliger,

---

(1) Andrea del Sarto. La perfection de sa copie est cause aujourd'hui de la querelle que nous avons signalée plus haut entre Naples et Florence. Les historiens de l'art prétendent que le tableau qui fut envoyé au marquis de Mantoue était, non l'original, mais la copie d'Andrea del Sarto, copie si exacte que Jules Romain, alors encore près du marquis, la prit pour l'original, auquel il avait travaillé lui-même dans l'atelier de Raphaël, et crut y reconnaître jusqu'à ses propres coups de pinceau.

je n'ai pu m'en défendre..... De Rome, le 12 Décembre 1524.

XIV. *Francesco Gonzaga au Marquis de Mantoue.*

Illustrissime et Excellentissime Seigneur et Maître,

Messer Pietro envoie ci-inclus la Canzone à Votre Excellence, avec une lettre de lui. Celle-ci étant écrite d'avance, je lui ai dit que pour ce dont il m'a chargé au sujet des chemises et des bonnets, Votre Excellence a donné l'ordre de les faire faire suivant son désir et que sitôt achevés on les lui enverra..... De Rome, le 26 Décembre 1524.

XV. *Francesco Gonzaga au Marquis de Mantoue.*

..... La lettre du 4 dernier ne demande pas d'autre réponse, sinon que j'ai fait voir à messer Pietro Aretino ce que m'écrivait Votre Excellence; il m'a répondu qu'il était votre serviteur et votre esclave, et m'a promis de plus d'écrire à votre louange une Canzone dans laquelle il s'ingéniera, pour ne pas être au-dessous de la vérité, à mettre autant d'étude et de soin que dans ses précédentes compositions. Les chemises et les bonnets, quand ces objets nous parviendront, lui seront extrêmement agréables. Je baise les mains de Votre Excellence et me recommande à ses bonnes grâces.

XVI. *Francesco Gonzaga à Jacopo Calandra, secrétaire du Marquis de Mantoue.*

.... En réponse à l'autre partie de votre lettre, je vous affirme que Votre Seigneurie ne peut mal faire en réclamant les chemises de 'messer Pietro Aretino ; il me harcèle de ses lettres, disant qu'il les veut absolument pour quelque dessein qu'il a en tête, qui n'est pas pour lui de médiocre importance, et que ces retards lui nuisent considérablement. Je suis heureux d'apprendre que le Signor Hercole soit arrivé à Mantoue ; tous ensemble vous allez jouir des fêtes, mascarades et autres divertissements. Nous autres, nous sommes ici à mener une vie véritablement religieuse : on dirait un couvent de Moines, tant nous vivons dans une observance admirable, excepté que les courtisanes ne manquent pas de faire leur devoir, ce qui semble assez mal convenir en cette sainte année ; mais il serait aussi possible de porter remède à cela, que d'enlever leurs propriétés aux productions de la Nature ; force est donc qu'en cela le monde aille comme à l'ordinaire. La lettre de notre messer Mario (1) m'a paru si belle que je n'ai pu m'empêcher de la lire au Pape, qui l'a écoutée très indulgemment ; encore que par quelques endroits elle attaquât Sa Sainteté, néanmoins Celle-ci, qui a le sens droit, ne s'en est aucunement fâchée ; bien mieux, Elle a montré prendre plaisir à cette franchise en me disant qu'il ne lui déplaît point d'entendre des choses qui ne plairaient point à d'autres, et qu'Elle aime beaucoup ce qui est vrai. Néanmoins, par manière de réplique, Elle m'a dit qu'Elle saurait bien répondre à cette lettre et déduire ses raisons de telle sorte que messer Mario pourrait pleinement en être satisfait. J'ai dit à Sa Béatitude que messer Mario s'était exprimé librement, parce qu'il n'avait pas écrit cette lettre dans l'intention qu'elle lui fût donnée à lire, sachant d'ailleurs combien sont grandes sa

---

(1) Mario Equicola.

prudence et sa sagesse, et combien Elle est digne de gouverner le monde, mais que, pour s'exercer l'esprit, il s'était mis à écrire ce qui se pouvait dire sur les événements actuels. Je ne pense pas qu'il aurait voulu que j'en fisse part à Sa Sainteté, craignant de montrer ainsi trop de présomption ; je l'ai fait de mon propre mouvement, conjecturant de certaines paroles qu'à certaines reprises Sa Béatitude m'avait dites, qu'Elle aurait quelque plaisir à entendre lire de ses lettres. Cela m'a confirmé dans ma créance et messer Mario ne doit point douter que Sa Sainteté n'ait goûté ce qu'il a écrit ; si j'en avais pensé autrement, je n'aurais pas manqué d'avoir la circonspection requise. Voilà tout ce que pour aujourd'hui j'ai à dire à Votre Seigneurie, me recommandant de nouveau à Elle et à messer Mario, expressément. De Rome, le 7 Février 1525.

De Votre Seigneurie le très affectionné,

FR. GONZAGA.

XVII. *Francesco Gonzaga au Marquis de Mantoue.*

..... Messer Pietro Aretino m'a donné, pour que je l'envoie à Votre Excellence, une Canzone qu'il a composée à la louange du Dataire. Je vous l'expédie ci-incluse. Il dit que maintenant il va s'occuper de celle qu'il a promise à Votre Seigneurie Illustrissime, qu'il s'efforcera d'exprimer sa pensée le mieux qu'il pourra, et que si l'expression répond à ce qu'il a dans le cœur, il espère pouvoir en tirer des félicitations de quiconque a du jugement. Il m'a dit aussi qu'il voulait envoyer à Votre Excellence un Laocoon en stuc, copié exactement sur celui que Notre Seigneur a au Belvédère, et il assure que vous en serez très satisfait, car il l'a fait copier de la main d'un excellent artiste (1). Il m'a encore promis de tâcher d'avoir quelque buste antique, pour complaire à Votre Excellence, à laquelle il m'a instamment prié de rappeler les chemises et les bonnets qui lui ont été promis ; il les attend avec une grande impatience. Je fais tout mon possible pour vous trouver des bustes antiques, mais jusqu'à ce jour je n'ai de marché arrêté pour aucun... Rome, le 20 Février 1525.

XVIII. *Francesco Gonzaga au Marquis de Mantoue.*

..... L'Aretino renie le ciel, de ce qu'il n'a pas encore les chemises, et il m'a dit aujourd'hui, fort en colère, qu'il n'en voulait plus. Il reste donc très mécontent. Je me suis efforcé de l'apaiser en lui disant combien Monseigneur a l'intention ferme de lui être agréable et quels ordres pressants ont été donnés pour que ces chemises soient promptement achevées, mais que la négligence des Religieuses, ou plutôt leurs occupations infinies, étaient cause de ce retard ; j'ai encore ajouté bien d'autres choses pour le calmer. Mais il a persisté dans son courroux, disant fort bien savoir que la faute ne provient pas du Prince, mais de ses ministres. A dire vrai, la chose traîne un peu en longueur et, pour beaucoup de raisons, j'en suis fâché..... De Rome, le 22 Février 1525.

XIX. *Francesco Gonzaga au Marquis de Mantoue.*

..... Pour ce qui concerne les chemises de l'Aretino, Votre Seigneurie aura pris connaissance de ce que je lui

---

(1) Jacopo Sansovino.

ai écrit. Enfin, il ne veut plus d'accommodement, ce Carnaval s'étant passé sans qu'il les ait eues. Votre Excellence connaît sa langue, je n'en dis pas davantage. Je me suis efforcé de le calmer, mais je crois qu'il va de pis en pis, de sorte que je ne sais faire autre chose, sinon de me lamenter avec lui de cette contrariété qui lui a été si sensible. Je vous envoie ci-inclus la note du prix de quelques bustes antiques; Votre Seigneurie Illustrissime la verra, puis me fera entendre ce que je dois faire. Je les ai tous vus, et encore bien que je ne m'y connaisse pas beaucoup, ils me semblent fort beaux. Le prix, ce me semble, est élevé ; néanmoins, il dit les avoir marqués à bon compte. Je ne manquerai pas d'en trouver d'autres, si faire se peut, et me recommande de cœur à Votre Seigneurie..... De Rome, le 1er Mars 1525.

XX. *Le Marquis de Mantoue à Francesco Gonzaga.*

..... Remerciez messer Pietro Aretino de la docte Canzone qu'il m'a envoyée et qui m'a beaucoup plu. S'il m'expédie ce Laocoon de stuc qu'il m'a promis, j'en serai très satisfait..... Mantoue, 3 Mars 1525.

XXI. *Le Marquis de Mantoue à Francesco Gonzaga.*

Magnifique,

Nous vous envoyons, par les mains de Paolo di Bondi, l'un de nos serviteurs, les chemises et les bonnets que nous avons fait exécuter pour notre messer Pietro Aretino; ce sont quatre chemises brodées d'or et quatre brodées de soie, une paire de bonnets de drap d'or et une paire de bonnets de soie. Vous les lui ferez porter de notre part et vous excuserez le retard du mieux que vous pourrez. Il doit être bien assuré que la chose n'a ainsi traîné en longueur qu'à notre grand déplaisir, mais nous avions affaire à des personnes à qui nous ne pouvions pas commander et dont nous ne pouvions pas nous faire obéir, même en les payant, c'est-à-dire à des Nonnes, lesquelles ne veulent travailler qu'à leurs heures et commodités. Rien de plus à vous dire, parce que ce messager vous arrivera tard. Portez-vous bien. Mantoue, 12 Mars 1525.

XXII. *Francesco Gonzaga au Marquis de Mantoue.*

..... Hier est arrivé à Rome Paolo Bondi, apportant les chemises et les bonnets de messer Pietro Aretino ; je les lui ai fait présenter lui-même, après en avoir d'abord parlé à messer Pietro. Le tout lui a fait grand plaisir et il en rend à Votre Excellence des grâces infinies ; il lui reste fort obligé et dit qu'il veut l'en remercier par lettre. Je ne manquerai pas de m'occuper de l'affaire qui regarde ledit Paolo..... Rome, 24 Mars 1525.

XXIII. *Francesco Gonzaga à Jacopo Calandra.*

..... L'Aretino est on ne peut plus content des chemises et des bonnets ; il regrette les paroles de dépit qui ont pu lui échapper, à cause du retard, et va partout vanter la libéralité, la bonté et les mérites de Sa Seigneurie ; il en parle à tous ceux qui la connaissent et même à ceux qui ne la connaissent pas, enfin, il est l'esclave à la chaîne de Son Excellence. Je lui ai bien dit une cinquantaine de paroles, et il m'a compris ; je lui faisais des reproches : il m'a demandé mille pardons et a confessé sa faute..... Rome, 27 Mars 1525.

XXIV. *Pietro Aretino au Marquis de Mantoue.*

Excellent Prince,

Je vous baise les mains et, autant que je le puis, vous remercie du cadeau, digne d'être offert à plus grand personnage que moi. Je m'en parerai pour l'amour de vous et je suis fâché que le porteur n'ait pu, à cause de quelque ornementation inachevée, vous rapporter un petit travail que j'envoie à Votre Excellence en témoignage de mon attachement.

J'ai fait copier en stuc le Laocoon antique du Belvédère, à peu près de la hauteur d'un bras, et au jugement du Pape ainsi que de tous les sculpteurs de Rome, on n'a jamais exécuté copie si parfaite. Celui qui l'a faite est Jacopo Sansovino, dont messer Giulio, votre peintre (1), peut vous dire quel homme il est. Il a passé tout l'hiver à achever cette copie, et Notre Seigneur est souvent allé au Belvédère le voir travailler. Enfin, sous dix jours je vous l'expédie, accompagné de quelques petites autres nouveautés. Hier soir, Notre Seigneur m'a justement dit que le tableau de Raphaël était à peu près fini de copier à Florence, et qu'aussitôt il l'enverrait à Votre Excellentissime Seigneurie.

Maître Pasquin se fait à mon nom, cette année, et il a un succès !... Dieu réchappe tout fidèle Chrétien des mauvaises langues des poètes ! Pour moi, Monseigneur, tout ce que Pasquin dit, je vous l'enverrai, et, en fidèle serviteur, je me recommande à Votre Excellence. De Rome, le 20.... 1524.

---

(1) Jules Romain.

Je serais un misérable si je ne vous envoyais un petit sonnet. Le sujet est celui-ci. Ces jours derniers, dans la vigne de ce scélérat de Cardinal Armellino, on a trouvé un Jupiter, l'une des plus belles et des plus grandes statues qui soient à Rome. Le susdit sonnet en a pris l'occasion de naître.

Sonnet

Il y eut autrefois Sept merveilles du Monde,
Ainsi parle messer Pline, qui fut homme docte ;
Mais celles qu'on a vues de nos jours sont Huit,
Comme le Giovio (1) le met dans ses Chroniques.

La première fut que Milan se perdit,
Puis que le Pape Léon mourut, sans dire mot ;
La suivante, le pontificat de l'ignare Pédant (2),
La quatrième, que Rhodes se rendit ;

Lorsque *a porta Inferi* Adrien,
En moins d'un an, alla heurter bien fort,
Cinquième allégresse de tout bon Chrétien ;

La sixième fut que la haute prudence de Clément
Prononça l'inutile serment de foi catholique,
Et fut élu Pape, canoniquement ;

La septième n'est rien :
C'est que se fit prendre, comme par plaisanterie,
Avec tous ses Paladins le Roi de France ;

---

(1) Paul Jove, l'historien.
(2) Adrien VI.

Mais à la balance
Donne le trait cette huitième, qui va vous stupéfier,
Car nul ne devine ce que je vais vous dire.

Je n'entends point parler
Du Sermoneta en l'art militaire
Ni du galant Alcion, qui se le fait faire ;

Mais c'est à vous renverser,
De penser que le divin Jupiter
Se soit fait le vigneron de l'Armellino !

XXV. *Le Marquis de Mantoue à Pietro Aretino.*

Messer Pietro,

Vous nous avez promis, ces jours passés, de nous envoyer quelques-unes des jolies et plaisantes compositions prêtées à Pasquin, et nous restons toujours en grandissime attente, tant nous désirons fort avoir chaque jour quelque nouveau fruit de votre féconde imagination. Nous ne savons pourquoi vous en êtes si avare envers nous, à moins que ce ne soit pour nous en donner plus grande soif. Mais sachez que vos productions ont bien de la peine à rester secrètes, et quand elles sont rendues publiques dans Rome entière et par toute l'Italie, nous ne les prisons pas autant : non qu'elles ne soient absolument les mêmes que lors de leur première publication, mais parce que la nouveauté donne du prix à toute chose et en augmente la valeur. Vous voyez que nous vous accusons de n'avoir pas tenu votre promesse ; il faudra donc, si vous tenez à être absous, que vous nous envoyiez tout ce que l'on a fait dire à Pasquin, quand cela paraîtra, et toutes les compositions que vous avez faites depuis. Nous savons du reste qu'il ne vous a pas manqué de sujets dignes de votre verve : par conséquent, ne nous laissez pas souffrir plus longtemps de la soif : autrement, vous nous donneriez lieu de douter que vous nous aimiez autant que notre affection pour vous le réclame.

Nous désirons encore et nous promettons de vous autre chose, sachant bien toutefois que vous n'y manquez ni manquerez jamais : à savoir que vous nous recommandiez aux bonnes grâces de Notre Seigneur et que vous rappeliez à Sa Sainteté notre fidèle dévouement envers Elle. Nous sommes toujours disposé à vos souhaits et désirs. Mantoue, 7 Juin 1525.

Et de la propre main du Prince :

De grâce, messer Pietro, envoyez-nous quelques-unes de vos productions et baisez les très saints pieds de Notre Seigneur. Je suis tout vôtre, tout vôtre,

Le Marquis de Mantoue.

XXVI. *Girolamo Scledio, Évêque de Vaison, au Marquis de Mantoue.*

Votre Excellence aura appris de son Magnifique Ambassadeur l'étrange accident arrivé la nuit dernière à notre messer Pietro Aretino : sur les deux heures, comme il était à cheval, il a été frappé par un homme à pied de deux coups de poignard dans la poitrine, et l'une des blessures est mortelle. *Tamen*, avec l'aide de Dieu, j'espère que nous le sauverons ; Dieu nous en fasse la grâce, lui qui le peut ! S'il en arrivait autrement, Votre Excellence perdrait en lui un bon serviteur, d'un dévouement sans bornes. On ne sait encore d'où est parti le coup ; l'homme s'est enfui, et il a dû agir à l'instigation d'autrui. Déjà neuf personnes sont en prison pour cette affaire, et je crois que tout se saura et que Notre Seigneur en fera telle répression exemplaire qui se doit, pour un tel homme. Le Laocoon sera bientôt prêt et, quoi qu'il advienne de messer Pietro, il parviendra aux mains de Votre Excellence, à laquelle je me recommande. *Quæ feliciter valeat*. Rome, le 30 Juillet 1525.

Humilissimus Servus,

HIER. EPISCOPUS VASIONENSIS (1).

XXVII. *Francesco Gonzaga au Marquis de Mantoue.*

.... Pietro Aretino va mieux de ses blessures ; nonobstant qu'elles soient à la poitrine et assez notablement profondes, néanmoins, grâce à l'habileté d'un médecin, lequel lui a fait application d'une huile qui est excellente pour les plaies, il est en si bonne voie que non seulement le péril est conjuré, mais qu'il espère être guéri sous peu. Je l'ai visité ; il m'a chargé de vouloir bien baiser les

---

(1) C'est ce même évêque de Vaison dont il est question, avec Fra Niccolò, autre familier de Clément VII, dans la lettre de Jean des Medicis à Pietro Aretino (V. p. XXV). Vaison était un petit évêché de l'ancien Comtat-Venaissin (Vaucluse) ; Girolamo Scledio en fut titulaire de 1523 à 1533.

mains de Votre Excellence en son nom et lui rappeler qu'il est toujours son très affectionné serviteur. Rome, le 3 Août 1525.

XXVIII. *Le Marquis de Mantoue à Francesco Gonzaga.*

.... Je suis heureux que Pietro Aretino aille mieux de ses blessures et soit hors de danger ; en vérité, l'accident qui lui est survenu me contristait extrêmement, car je le mets au nombre de mes plus cordiaux amis. Je vous sais gré de lui avoir rendu visite. S'il vous arrive d'y aller encore, vous le saluerez en mon nom, vous témoignerez votre chagrin de cette aventure et votre joie de ce qu'il est en voie de guérison. De Marmirolo, le 11 Août 1525.

XXIX. — *Fra Niccolò au Marquis de Mantoue.*

Illustre et Excellent Prince,

Messer Pietro Aretino est parti d'ici et je crois qu'il ira présenter ses respects à Votre Excellence. Notre Seigneur m'a chargé de vous le recommander expressément ; il le tient toujours pour son serviteur et l'aime d'autant plus qu'il le sait très dévoué à Votre Excellence. Je m'étendrais davantage à ce sujet, pour exécuter les ordres de Sa Béatitude, si je ne savais combien Votre Excellence affectionne un dévoué serviteur tel que lui. Notre Seigneur n'aurait pu en prier de vive voix Votre Excellence et m'imposer de le lui écrire plus chaudement qu'il ne l'a fait. Je me recommande à vos bonnes grâces. Rome, du Palais Apostolique, le 24 Octobre 1525.

XXX. *Le Marquis de Mantoue à Francesco Gonzaga.*

..... Maintenant, nous voulons que vous vous occupiez de rassembler le plus de compositions de messer Pietro Aretino que vous pourrez, tant en prose qu'en vers, et de nous les faire parvenir. Vous en parlerez à Maître Andrea, peintre, que nous savons en détenir grand nombre. Portez-vous bien. Mantoue, 1ᵉʳ Décembre 1526.

XXXI. *Francesco Gonzaga au Marquis de Mantoue.*

... Les Jugements (1) de cette année ne sont pas encore parus et quant aux productions de l'Aretino, je ne les ai pas encore. Maître Andrea m'a dit qu'il s'occupe à les rassembler et qu'il en copie tous les jours quelque chose. Aussitôt que je les aurai, je ne manquerai pas de les adresser à Votre Excellence, à laquelle je baise les mains en me recommandant à ses bonnes grâces. De Rome, le 15 de Décembre 1526.

Là s'arrêtent les documents inédits publiés par M. Armand Baschet; nous les complétons, pour la suite des relations de Pietro Aretino avec Clément VII et avec les principaux dignitaires de la Cour Ponti-

---

(1) C'étaient des sortes de revues facétieuses des événements de l'année; l'Aretino en a composé quelques-uns, dont on rencontre la trace dans sa correspondance, mais ils sont perdus ou introuvables.

ficale, par quelques extraits des lettres imprimées dans les deux recueils que nous avons mentionnés plus haut.

Sebastiano, peintre (1), à Pietro Aretino.

Mon révéré frère,

Il y a deux jours le Pape Clément, mangeant au Château (2) son pain de douleur, plutôt que des mets recherchés, dit, avec un soupir qui se fit entendre : « Si Pietro » Aretino avait été près de nous, peut-être ne serions- » nous pas ici, pis que prisonnier. Ils nous aurait franche- » ment rapporté ce qui se disait dans Rome de l'accord » avec l'Empereur, traité par le Fieramosca et le vice-roi » de Naples (3), et nous n'aurions pas placé notre bonne » volonté entre les mains de telles gens. » A ce propos, mon cher compère, Sa Sainteté allégua le sonnet que vous lui aviez donné autrefois, au sujet de la prise du Roi très Chrétien à Pavie, chose qui, rien que d'y penser, fait trembler le cœur de tous vos amis, car on n'a jamais ouï dire qu'homme fût assez hardi que d'oser remontrer par écrit, à un tel personnage, ses propres hontes. Mais Sa

---

(1) Le grand peintre, plus connu sous le nom de Fra Sebastiano del Piombo, d'un office que Clément VII lui donna à sa Chancellerie et qui consistait à sceller du sceau de plomb les Bulles. Il fut forcé de prendre à cette époque l'habit monastique.

(2) Le Château Saint-Ange, où le Pape était bloqué par les Impériaux, après le sac de Rome.

(3) Lannoy, lieutenant de Charles-Quint.

Béatitude n'a eu égard qu'à la franchise avec laquelle, de tout votre cœur, vous lui disiez la vérité. Maître Andrea, qui n'avait à la bouche que son cher Pietro, a été tué hier par les Espagnols, sans qu'on en sache le pourquoi ni le comment..... Rome, le 15 Mai 1527.

Sebastiano, peintre, à Pietro Aretino.

Mon compère, mon frère et mon maître,

« Oui, nous avons grand besoin qu'il y ait au monde » des Pietro Aretino. » Je vous rapporte-là, mon cher compère, ce que le désespéré Pape Clément vient de dire, au Château Saint-Ange. Sa Sainteté avait donné l'ordre à tous les lettrés d'écrire chacun une supplique à l'Empereur pour recommander à Sa Majesté la ville de Rome, aujourd'hui saccagée plus que durant les premiers jours; le Tebaldeo et tous les autres se sont enfermés pour ce motif dans les salles d'étude et ont ensuite fait présenter leurs lettres à Notre Seigneur qui, après avoir lu quatre lignes de chacune, les a jetées par terre en disant que l'Aretino seul pourrait traiter semblable sujet (1). Il vous aime beaucoup, beaucoup, et l'un de ces jours il fera pour vous quelque chose, en dépit des envieux. Rome, 27 Mai 1527.

---

(1) L'Aretino n'avait pas attendu cette mise en demeure. On trouve dans ses *Lettres* une très éloquente supplique à l'Empereur, datée de Venise le 20 Mai 1527, et dont le Pape n'avait sans doute pas encore connaissance.

Pietro Aretino à Clément VII.

La fortune a beau régir les destinées des hommes de telle sorte que toute leur prévoyance ne saurait prévaloir contre elle, néanmoins elle perd ses droits dès que Dieu veut y mettre la main. Quiconque tombe de si haut que Votre Sainteté, doit donc se tourner vers Jésus, les prières à la bouche, et non contre le Destin, en exhalant des plaintes. Il était de toute nécessité que le Vicaire du Christ, en souffrant les misères de l'heure présente, payât pour les fautes des autres, et la justice avec laquelle le Ciel châtie les péchés n'apparaissait pas clairement, si votre prison n'en portait témoignage. Consolez-vous donc dans les angoisses où vous êtes, puisque sa volonté vous a placé en la puissance de César, et que vous pourrez du même coup éprouver la miséricorde divine et la clémence humaine. Si pour un Prince toujours ferme, toujours prudent, toujours préparé aux insultes du Destin, après qu'il a tout fait pour se mettre à l'abri de ses coups, c'est un honneur que de supporter patiemment tous les malheurs que l'adversité du Destin veut qu'il supporte, quelle gloire sera la vôtre, si, ceint de patience, après avoir encore surpassé ce Prince en adresse, en fermeté, en prudence, vous souffrez ce que la volonté de Dieu vous impose? Recueillez en vous-même votre suprême intelligence et, examinant chacune de ses facultés, sachez me dire s'il est digne d'elle de ne pas espérer monter plus haut encore que vous n'êtes monté. Ne doutez pas que Dieu ne veuille soutenir la religion de son Église, qu'en la soutenant il ne vous dirige, et que, s'il vous dirige, votre chute ne soit qu'apparente, non effective. Ce qui doit être effectif, et non pas seulement apparent, c'est la manière d'agir du Pontife, qui doit penser au pardon et non à la vengeance; vous n'aurez pas plus tôt songé à pardonner, au lieu de vous venger, que vous vous proposerez ainsi une fin convenable à la haute dignité dont vous êtes revêtu. Quelle œuvre serait plus propre à exalter au delà de toute limite le nom du Sanctissime et du Béatissime, que de vaincre les haines par la piété et la perfidie par la générosité ? La meule aiguise le fer et le rend apte à couper les choses les plus dures ; de même l'adversité aiguise les cœurs généreux de telle sorte qu'ils se moquent de la Fortune : elle en sera pour sa courte honte, si vous ne lui rapportez pas à elle l'immensité du désastre qui vous prive de la liberté. On ne peut nier qu'elle ne vous ait assailli de toutes sortes de cruelles injures et que, par sa faute, vous n'ayez rencontré de la perfidie dans Rome même, de la fraude chez vos amis, de la faiblesse chez vos capitaines, de l'ingratitude chez ceux que vous aviez comblés de bienfaits, de la trahison chez ceux qui vous devaient fidélité, de l'envie chez les potentats ; mais, si Dieu fût resté neutre, vous auriez montré à la Fortune, par votre habileté, que c'était à elle non de commander, mais d'obéir. A Dieu seul, qui peut tout, vous devez tout rapporter, et, en lui rapportant tout, lui rendre grâces. L'Empereur étant le ferme appui de cette Foi dont vous êtes le père, Dieu vous a mis en son pouvoir pour que vous unissiez vos intentions avec les intentions de l'Empereur. Votre honneur ne fera que s'accroître et resplendir davantage dans l'univers entier. Voici que le bon Charles, tout mansuétude, revient à vous comme il était autrefois, le voici agenouillé devant Vous, avec l'humilité due à celui qui tient sur la terre la place du Christ : en le haut rang où est César, Sa Majesté ne garde nul orgueil. Appuyez-vous donc au bras de la puissance qu'il tient d'en haut et, dirigeant la pointe de sa Catholique épée sur le cœur féroce de l'Orient, tournez-le contre l'objet de votre courroux. Ainsi de la déplorable situation où vous ont placé les fautes et les péchés du Clergé, vous sortirez à votre gloire et à votre louange, emportant le prix de la patience avec laquelle a tout enduré la ferme constance de Votre Sainteté, dont je baise les pieds bien dévotement. De Venise, le dernier jour de Mai 1527.

P. Aretino au Marquis de Mantoue.

Comme je sais que Votre Excellence veut que ceux à qui elle donne la remercient en ne lui faisant pas de remerciements, je lui dirai seulement que Mazzone, mon serviteur, m'a rapporté les cinquante écus et le pourpoint de drap d'or que vous m'envoyiez. Je vous dirai encore de vous souvenir de la promesse que vous avez faite à Titien, à l'occasion de mon portrait, que je vous ai fait offrir en mon nom. Je crois que messer Jacopo Sansovino, artiste d'un rare talent, ornera votre chambre d'une Vénus si vraie, qu'elle remplit de désirs libidineux la fantaisie de quiconque la regarde. J'ai dit à Sebastiano, ce peintre merveilleux, que votre souhait était qu'il vous fît quelque tableau de son invention, mais qu'il vous plairait que ce ne fussent pas de ses hypocrisies habituelles, de ses clous et de ses stygmates : il m'a juré de vous peindre quelque chose de surprenant. Quand sera-ce? voilà ce que se réserve *in petto* la fantasque humeur qui trop souvent bataille en la tête des gens comme lui. Je le harcèlerai, taquinerai et presserai tant, que, j'en ai bon espoir, il en viendra à bout. En attendant, Titien et moi nous vous baisons les mains. Venise, 26 Août 1527.

P. Aretino au signor Cesare Fregoso.

Le présent d'une toque, avec ses ferrets et son médaillon, que m'a fait Votre Excellence, est arrivé plus à temps que n'arrive une corbeille de fruits quand on dîne et qu'à la fin du repas, la réclamait la fantaisie de l'appétit. Je voulais justement faire cadeau d'une toque garnie dans le genre de la vôtre et j'allais envoyer l'acheter, quand un de vos serviteurs vient à point me poser celle-ci devant moi. Je lui ai fait fête, et pour sa beauté et parce que je la désirais avec autant d'ardeur que peut-être Votre Seigneurie Illustrissime, à laquelle je me recommande, désire le livre des Sonnets et des Figures luxurieuses, que je lui envoie en échange. De Venise, le 9 de Novembre 1527.

P. Aretino à l'abbé Gonzaga.

Votre Seigneurie voudra bien accepter en don le jeune cheval Barbe qu'en partant pour Venise j'ai laissé dans son écurie; cette ville me plaît tellement que, maintenant, c'est un cheval de bois que j'ai à me procurer, si je veux chevaucher à travers ses eaux. Son Excellence votre cousin (1) m'avait déjà donné deux chevaux, un Maure et un Turc, qui m'étaient de beaucoup de prix : j'espère

---

(1) Le Marquis de Mantoue.

que le mien en aura autant pour vous et que vous l'accepterez volontiers. Si vous ne voulez l'avoir que contre échange, attendez que je parte, et alors vous m'en donnerez un autre ; mais vous serez longtemps avant d'avoir à me faire ce troc, car mon intention est de rester ici à tout jamais : est bien fou quiconque ne sait pas vivre en Paradis ! Si j'avais su qu'ici on pouvait conserver une monture, j'aurais gardé Lubino, que j'ai donné au Marquis ; je l'aurais gardé, autant en souvenir du Pape Clément, qui m'en avait fait cadeau, que pour sa beauté ; ayant entendu dire que ce pays était magique, j'aurais bien dû m'imaginer qu'une haquenée y pouvait subsister par magie. La mienne, en tous cas, est bien placée. Je me recommande à Votre Excellence. De Venise, le 8 de Juin 1528.

Le Sanga, Camérier du Pape, à Pietro Aretino.

Excellent signor Pietro,

Sa Sainteté vient d'apprendre de quelle façon l'Excellentissime Gritti (1), en Prince de souveraine bonté et religion, faisant acte envers Elle de charité et d'amour, vertus vraiment dignes de son cœur et de sa prudence, a pris sur lui de vous appeler à son audience et, usant de la bénignité des prières et des admonitions amicales, a réussi non seulement à modérer vos éclats de colère, mais à les calmer pour toujours. Aussitôt que ce bon office lui fut rapporté, Sa Sainteté m'a commandé de

---

(1) Le Doge de Venise.

remercier d'abord Sa Sublimité le Doge, qui ne souffre pas qu'un si grand Pontife soit attaqué dans son honneur, puis de vous écrire celle-ci et de vous dire qu'encore bien que vous ne puissiez lui faire ni bien ni mal, Elle est néanmoins touchée de ce que la rancune que vous avez contre Elle se soit apaisée et que, si vous vous appliquez à marcher dorénavant dans une voie plus convenable, Elle changera du tout au tout sur votre compte. Si Elle ne montre pas dès maintenant ce qu'Elle a l'intention de faire pour vous, c'est qu'Elle craint qu'on ne la croie libérable par peur ; mais Elle le fera, dès qu'il lui semblera qu'Elle peut le faire sans scrupule. Notre Seigneur m'a donc ordonné de vous écrire en ces termes et je me recommande à vous. De Rome, le .... 1528.

Votre serviteur,
Le Sanga.

P. Aretino à messer Girolamo Agnelli.

Je ne veux point parler des soixante écus au soleil que vous m'avez fait remettre pour le compte du cheval ; je vous dis seulement que si j'avais le renom de Saint autant que j'ai celui de Diable, ou si j'étais l'ami du Pape autant que j'en suis l'ennemi, pour sûr les bonnes gens, voyant tant de monde venir chez moi, croiraient que j'opère des miracles ou que c'est le Jubilé. Cela m'arrive grâce au bon vin que vous m'avez envoyé, et pas un hôtelier n'a autant de besogne que n'en ont les gens de ma maison à emplir les bouteilles des valets de tout ce qu'il y a d'Ambassadeurs en cette ville.... De Venise, le 21 de Novembre 1529.

Le Marquis de Mantoue à P. Aretino.

Au magnifique et docte messer P. Aretino, mon très cher ami.

Magnifique messer Pietro, si je n'ai pas répondu plus tôt à la vôtre du 3 courant, la faute en est à ce que, dès sa réception, j'écrivis instamment à mon Ambassadeur que vous usiez de tous vos soins et diligence pour obtenir du Pape un Bref et de l'Empereur un Privilège par le moyen desquels il fût prohibé, dans toute l'étendue de leurs juridictions, de pouvoir imprimer votre livre (1), pendant dix années, sans votre permission. J'attendais d'avoir la réponse pour vous en aviser, et je regrette du fond du cœur que mon pouvoir n'ait pas eu en cela autant d'efficacité que je l'aurais voulu. Mon Ambassadeur m'écrit, qu'ayant tout mis en œuvre pour qu'il vous fût donné satisfaction, il a rencontré de toutes parts de grandes difficultés ou, pour mieux dire, des impossibilités ; il m'allègue que vous ne cessez d'écrire des satires contre l'un et contre l'autre et que tout dernièrement encore vous avez composé un *Testament* qui les couvre tous d'opprobre : ils disent donc que vous ne méritez nulle faveur de leur part... De Mantoue, le 19 de Décembre 1529.

---

(1) Les bibliographes Italiens ne mentionnent aucun ouvrage de P. Aretino comme ayant été publié à cette époque.

Le même à P. Aretino.

Mon magnifique et cher messer Pietro,

J'ai reçu ces jours-ci votre lettre avec les Sonnets et votre Jugement de cette année... Je voudrais bien pouvoir vous remettre dans les bonnes grâces de Notre Seigneur et faire que Sa Sainteté vous voulût autant de bien que je vous en veux moi-même; j'y coopérerai autant qu'il sera en mon pouvoir et ferai tout mon possible pour l'ôter de l'opinion où Elle est que vous êtes l'auteur de ce *Testament*. J'ai déjà écrit à mon Ambassadeur de saisir la première occasion pour vous en justifier vis-à-vis de Sa Sainteté, l'ôter de cette fausse opinion et lui affirmer qu'à l'avenir vous écrirez beaucoup plus à sa louange que vous n'avez écrit contre Elle par le passé... De Mantoue, le 19 de Janvier 1530.

Fra Niccolò, Camérier du Pape, à P. Aretino.

Au divinissime signor Pietro Aretino.

Mon compère et mon patron,

Comme j'étais en train de montrer au Pape Clément les joyaux que j'ai retirés de Naples (1), afin d'en faire masse avec tous les autres objets qui doivent être mis en

---

(1) On avait secrètement emporté à Naples, pendant le siège de Rome, tout ce que l'on avait pu soustraire du trésor pontifical. Benvenuto Cellini (*Mém.* ch. VII) démonta les pierreries des tiares, des crosses, des anneaux et fondit l'or au creuset dans les caves du Château Saint-Ange.

gage chez les usuriers pour le Grand Turc (1), Sa Sainteté m'a parlé de vous, et après qu'Elle en eut entendu de moi le bien que doit en dire tout le monde, Elle me fit voir une lettre qu'on venait de lui écrire de Venise. En la lisant, Sa Sainteté couvrait de la main la souscription, mais, pour autant que mes yeux en purent voir, messer Pietro-Paolo Vergerio la lui avait écrite et il lui disait que, faute de voir venir par le courrier, selon que l'évêque de Vaison vous en avait avisé, les cinq cents écus promis, vous aviez recommencé à mal parler de Sa Béatitude. Là-dessus, Notre Seigneur me fit voir, sur la table de la chambre, le sac rempli des susdits écus, en disant : « Nous voulons savoir d'abord si cet argent doit s'envoyer à un ami ou bien à un ennemi. » Cher Signor, j'ai cru devoir vous avertir de cette affaire, pour que vous preniez tel parti qui vous semblera le meilleur... De Rome, le 5 de Mai 1530.

Votre serviteur,

MARCO DI NICCOLÒ.

L'Évêque de Vaison à P. Aretino.

A l'illustre Aretino.

Magnifique signor Pietro, vous pourriez dire que j'a oublié de répondre à votre lettre, mais à Dieu ne plaise que vous disiez que je ne m'en suis pas soucié. Pour rien au monde je n'aurais tardé si longtemps, surtout maintenant que vous avez promis la paix à tous, et que vous

---

(1) C'est-à-dire pour la Croisade, toujours en projet.

êtes venu à résipiscence à l'égard du Saint-Père. Pour ne pas vous tenir davantage en suspens, je vous certifie que, si je ne vous ai pas répondu, c'est que j'attendais, pour faire rédiger votre Bref, une minute ou information qui m'avait été promise par le magnifique Ambassadeur de notre Excellentissime Marquis, et aussi la réponse de celui qui a dû vous demander de ma part quel titre vous donneriez à l'ouvrage en question et à en voir quelques pages. Rien ne m'étant parvenu jusqu'à présent, je vous ai dépêché mon frère, avec ordre d'aller vous voir et de vous remettre, en témoignage de sa mission, une lettre de moi où je vous disais que vous aviez consolé tous vos amis en prenant la ferme résolution d'être désormais un serviteur dévoué de Notre Seigneur. Aussitôt que j'aurai tout ce que dessus, j'espère pouvoir vous dépêcher le Bref, et je suis tout à vos ordres. Je vais à Trente avec S. M. l'Empereur, je reviendrai par Vicence et vous visiterai à Venise, s'il plaît à Dieu. *Iterum* je me recommande à vous. Sebastiano va bien et fait des merveilles, à ce qu'il dit. De Bologne, le 17 de Mai 1530.

Tuus,

Hier. Episcop. Vasionensis.

Pietro Aretino à l'Évêque de Vaison.

La plus belle, la plus jolie chaîne de cou qui se soit jamais vue, c'est celle que vous venez de m'envoyer. Elle est si gracieuse qu'il faudra, ou bien que je me prive de la porter, ou bien, si je la porte, que je la cache de quiconque est orfèvre et de quiconque en porte. Certaine-

ment je ne m'en séparerai jamais, tant pour sa grâce et sa nouveauté que parce qu'elle me vient de Celui que j'aime et révère par-dessus tous les autres hommes. Je l'accepte donc volontiers, mais non pas votre idée de me faire Chevalier par l'occasion du Privilège impérial. J'ai dit, en effet, dans ma comédie du *Maréchal*, qu'un Chevalier sans pension est un mur où l'on a négligé de mettre une croix : tout le monde vient pisser dessus....
De Venise, le 17 de Septembre 1530.

Pietro Aretino à Clément VII.

La cruauté de l'obstination ne convenait ni à votre rang ni au sang dont vous êtes; aussi Votre Béatitude s'est-elle révélée à mon égard plus indulgente par ses actes que par les intercessions du Doge. Messer Girolamo de Vicence, évêque de Vaison, votre majordome, ici même, en la maison de la reine de Chypre, sœur de Cornaro, m'a remis en mains propres le Bref, et, comme vous le lui aviez formellement ordonné, il m'a rapporté que vous l'aviez chargé de me dire que, de simple chevalier de Rhodes devenu Pape, et de Pape, prisonnier, rien de tout cela ne vous avait tant stupéfait que de me voir, moi, vous déchirer dans mes écrits, surtout lorsque je savais fort bien pourquoi vous n'aviez pas tiré de châtiment de ceux qui avaient essayé de m'assassiner. Saint-Père, dans tout ce que j'ai jamais dit ou écrit, toujours ma langue a été d'accord avec mon cœur, et, si je vous ai attaqué dans votre honneur, ma fidélité a toujours protesté qu'il n'y avait, en vous adressant des traits satiriques, nulle faute de ma part. Lorsque des gens parvenus, grâce à vous, au sommet des grandeurs, vous ont attaqué à coups de lances, quelle merveille que, moi, j'aie pu vous attaquer à coups de langue? Je me repens et je rougis de deux choses : je me repens d'avoir blâmé ce Pape, dont la gloire m'a toujours été plus chère que ma propre vie, et je rougis de ce que, voulant le blâmer, je l'aie fait durant la plus grande ardeur de ses infortunes. Mais le Destin qui vous confina dans le Château Saint-Ange n'aurait pas été assez cruel, si, par-dessus le marché, il n'avait fait de moi votre ennemi. A cette heure je remercie Dieu qui a écarté de votre esprit l'âpreté de la rancune, et de ma plume la douceur de la vengeance. Dorénavant je serai pour vous ce bon serviteur que je vous étais jadis, quand ma verve, qui se repaissait de votre louange, s'arma pour vous contre Rome entière, lors de la vacance du trône de Léon. Je ferai en sorte que le Sérénissime Gritti, dont la parfaite prudence s'est interposée entre votre patience et ma colère, ait plutôt à me récompenser qu'à me punir. De toute la force de ma volonté, je baise les pieds sacrés de Votre Sainteté avec la même tendresse que je les lui baisais autrefois. De Venise, le 20 de Septembre 1530.

P. Aretino à Lorenzo Salviati.

.... J'aurais voulu être Pape durant ce laps de temps, pas davantage, que Clément a mis à vous accorder cette concession de marais qu'il vous a enfin octroyée. Moi, je vous aurais donné deux villes : voilà ce qui convenait à un grand Pontife tel que lui, et à un magnanime Chevalier tel que vous. Mais on ne peut tirer de l'eau d'une éponge, il vous a donné en prêtre.... De Venise, le 26 de Décembre 1530.

Le Cardinal Arelio dell' Armellino à P. Aretino.

Au magnifique signor P. Aretino, mon honoré maître.

Si j'étais né sous le signe du Cancer, de façon à pouvoir, comme je le voudrais, vous dire quatre mots en croix, cher Signor, je vous conterais d'abord comment j'ai vécu et comment, après votre départ de Rome, je n'ai pas tardé moi-même à partir. Depuis lors je n'ai fait presque que de me promener par le monde, misérablement; je suis allé plus loin que la vallée de Roncevaux, à Bordeaux, en Portugal, en Flandre, jusqu'aux confins de la Moscovie, en Transylvanie, à Todi et à Moncalieri. *Tandem*, me voici revenu à la miche de pain de ma maison, à Turin, et je ne veux plus me nourrir de vent. J'y étais, lorsque le porteur de la présente ayant à se rendre en Vénétie, j'ai pensé qu'il était de mon devoir de vous donner de mes nouvelles, de vous dire que, grâce à Dieu, je suis bien portant, très désireux de vous voir encore une fois avant de m'en aller dans le royaume sombre, et que j'ai délibéré et décidé, de toute façon, si je ne suis pas mort avant la mi-Mai 1532, et à moins que vous ne soyez plus à Venise, d'aller vous faire la révérence et vous baiser les mains... et le cul, si faire se peut sans scrupule de conscience. Tout le monde sait quelle obligation je vous ai eue, je vous ai encore et vous aurai toujours, même trépassé. Ne vous rappelez-vous pas l'honneur que vous me fîtes dans ce Sonnet que vous aviez composé avant l'élection du malheureux Adrien et qui disait :

Vous plaît-il, Madame l'Église, si belle et bonne,
Prendre pour légitime époux l'Armellino ?...

Quand jamais, jamais, jamais pourrai-je m'acquitter d'une telle obligation, dussé-je aller pieds nus jusqu'en Galilée ?... De Turin, le 27 d'Octobre 1531.

De votre Seigneurie

Le dévotissime et archi-serviteur,

Bernardino Arelio dell' Armellino.

P. Aretino au Duc de Mantoue.

.... La foi sans les œuvres est chose aussi fragile que ces vases de verre dont je vous ai envoyé plein une cassette, rien que pour vous faire apprécier la beauté de ces pièces, dessinées à l'antique par Giovanni d'Udine. Cette nouveauté a tellement plu aux maîtres verriers de la Serena, qu'ils appellent maintenant des « Arétins » toutes les sortes d'objets que j'y ai fait fabriquer. Monseigneur de Vaison, maître d'hôtel du Pape, en a emporté quelques-uns à Rome pour Sa Sainteté, qui leur a fait grand accueil, selon qu'il m'en avise, et j'en reste abasourdi, car je croyais qu'en Cour de Rome on regardait à l'or, non au verre, et je pense que c'est aussi l'idée de votre Illustrissime Seigneurie, dont je suis le serviteur. De Venise, le 3 de Novembre 1531.

L'évêque de Vaison à Pietro Aretino.

Au magnifique et excellent messer P. Aretino, comme à un frère aimé.

Messer Pietro, mon cher frère, lorsque je tendis votre lettre au Pape Clément, il me dit : « Quelle lettre est-ce

» là ? — Elle est de votre serviteur, Pietro Aretino, » répondis-je. Ce qu'entendant Sa Sainteté, Elle la laissa tomber de ses mains et me regarda d'un mauvais visage ; mais aussitôt, quand je lui eus dit : « Que Votre Béati- » tude la lise ; elle ne lui fera point de peine, » le Pape la reprit en main, à ma prière. Voulez-vous que je vous dise ? A peine en était-il arrivé à la seconde ligne que des larmes pareilles à celles qui vont couler de vos yeux en me lisant, car vous êtes tout tendresse, se mirent à jaillir des siens, en lisant la vôtre, car il est tout clémence. Je vous écris ceci pour vous affirmer que Notre Seigneur est pour vous ce qu'il a toujours montré d'être jusqu'à présent. Redevenez donc son serviteur, appliquez-vous à proclamer les vertus de ce véritable successeur de Pierre, en l'Église, et vous aurez les cinq cents écus pour la dot de votre sœur, et peut-être fera-t-il quelque chose de plus pour vous, quelque chose qui soit digne de votre mérite. Vous me comprenez. De Rome, le 3 de Janvier 1532.

Le même à P. Aretino.

Messer Pietro, les cinq cents écus de la dot de votre sœur vous seront envoyés par le premier courrier ; ainsi l'a ordonné Notre Seigneur, et Sa Sainteté m'a dit de vous dire que si vous voulez bien redevenir ce que vous étiez pour Elle autrefois, Elle vous tirera de toute peine, à l'heure où vous y penserez le moins, et vous mettra peut-être plus haut que vous ne l'avez jamais espéré. Soyez donc sage ; oubliez vos ressentiments, sachez apprécier les grands un peu mieux que vous ne faites, et ce sera tout profit pour vous et pour votre famille, que vous le fassiez dès maintenant ou à l'avenir... De Rome, le 12 de Janvier 1532.

P. Aretino au Cardinal Hippolyte des Médicis.

Étant obligé à la courtoisie du Roi François et du Cardinal Hippolyte, qui m'ont quelque peu relevé de la nécessité où je me trouve, par suite de l'envie avec laquelle mes ennemis ont triomphé de la bonté de Sa Béatitude, je n'oserais pas me transporter à Constantinople, où m'appelle la libéralité du signor Gritti (1), où m'entraîne de force ma pauvreté, sans vous en donner avis, comme j'ai envoyé le faire pour Sa Majesté. Daignez, en ces conjonctures, m'ordonner quoi que ce soit, et je vous obéirai comme un fidèle sert son Dieu. Ainsi donc, voici que l'Aretino, l'homme toujours sincère, sauf dans les satires que de trop cruelles raisons m'ont fait adresser à Notre Seigneur, aujourd'hui vieux et misérable, s'en va gagner son pain en Turquie, laissant heureux sur la terre Chrétienne les ruffians, les flatteurs, les Hermaphrodites, mignons de couchette des Princes ; et ceux-ci, fermant les yeux à l'exemple que leur donne votre royale générosité, tant qu'ils vivent, voient mendier ces honnêtes gens pour qui vous avez la main ouverte à toute heure et en tout lieu. Maintenant, avec votre permission, moi qui ai acheté au prix de mon sang le droit de dire la vérité, je m'en irai là bas, et de même que les autres montrent leurs dignités, leurs pensions, les faveurs que leur ont acquises à la Cour de Rome leurs vices, je montrerai les outrages que m'ont attirés mes mérites, et ce spectacle, qui n'a

---

(1) Luigi Gritti, bâtard du doge de Venise et ami intime de l'Aretino ; il jouissait d'une grande faveur près de Soliman et d'Ibrahim, le Premier Vizir.

jamais ému de pitié ces Princes, émouvra de compassion ces sauvages, et le Christ, qui, dans quelque grand dessein sans doute, m'a tant de fois préservé de la mort, sera avec moi .... De Venise, le 19 de Décembre 1533.

P. Aretino à P. P. Vergerio (1).

.....Si jamais il arrive que Notre Seigneur aille à Nice s'aboucher avec le roi François, vous verrez le plus étrange miracle dont on ait jamais ouï parler. Gaurico (2), prophète après l'évènement, me le dit, et me le disent aussi jusqu'aux langues de ma chaîne (3) ; elles me disent que la libéralité Française est si grande que, rien qu'à laisser tomber un regard sur le Pontife, elle lui convertira en prodigalité sa ladrerie innée et son incompréhensible avarice. Oh ! ne sera-ce pas là un plus grand miracle qu'aucun de ceux qu'ait jamais fait le Giberti ? Par Dieu ! l'immense courtoisie royale métamorphosera Clément en un Léon. Oh Dieu ! ce serait un beau spectacle de voir le Saint-Père, comme un caméléon, se teindre des couleurs de l'âme du Très Chrétien. Mais ne dois-je pas le dire ? Cette pécore de Pasquin a peur au contraire que le Roi, en pratiquant avec le Pape, ne devienne comme le Pape, ce dont Dieu nous préserve ! Et si je ne lui avais ôté

---

(1) Alors nonce du Pape, depuis évêque de Capo d'Istria.

(2) Célèbre astrologue ; V. Tiraboschi, *Storia della letter. Ital.*, liv. III, ch. 37.

(3) La chaîne d'or que François Ier avait peu de temps auparavant donnée à P. Aretino, était formée de fleurs de lis reliées par des langues.

cette idée de la cervelle, il y demeurait plus attaché que ne l'est le Cardinal des Médicis à donner à ceux qui le méritent tout ce qu'il a, et tout ce qu'il a eu... De Venise, le 20 de Janvier 1534.

Arrêtons-là nos citations ; aussi bien Clément VII ne va pas tarder à mourir, au retour de cette entrevue de Nice où il allait donner en mariage au Dauphin de France, le futur Henri II, sa nièce, Catherine des Médicis, et nous avons traduit de la Correspondance de messer Pietro absolument tout ce qui a trait à ses rapports avec la Cour de Rome, durant le Pontificat de son ancien protecteur. On peut voir maintenant combien les critiques Italiens se sont mépris ; loin de se prêter à leurs affirmations et à leurs conjectures, d'accréditer que le motif des brouilles incessantes et des réconciliations ménagées par des amis entre l'Aretino et Clément VII fût la publication des *Sonnets luxurieux*, toute cette Correspondance y répugne de la façon la plus formelle.

Messer Pietro, en voyant monter sur le trône pontifical son cher ami le Cardinal des Médicis, vers la fin de 1523, avait conçu à bon droit de grandes espérances ; elles furent trompées. Un premier mouvement de dépit, lors d'une affaire où il est évincé par l'évêque de Vaison et Fra Niccolò, lui fait quitter momentanément Rome, en Août 1524, et il va près de Jean des Médicis, qui l'appelle. Encore ce départ, attribué par Mazzuchelli au scandale des Sonnets, qui n'étaient pas encore écrits, eut-il vraiment le dépit pour cause? La peste sévissait alors cruellement à Rome (1); Pape, Cardinaux, grands dignitaires, tout le monde cherchait à se mettre à l'abri du fléau, et Benvenuto Cellini, qui n'était pas un poltron, resta claquemuré la plus grande partie de l'été dans sa chambre, sans oser s'aventurer dans les rues, tant il avait peur. L'Aretino a bien pu, comme tout le monde, fuir pendant quelques semaines la ville empestée, et il y était de retour le 27 Août, comme l'atteste une des lettres du Marquis de Mantoue. Il quitte encore Rome en Janvier 1525, va voir Jean des Médicis à son camp, sous Milan, y est présenté à François Ier, puis revient à la Cour Romaine, où l'attirent toujours les décevantes promesses du Pape. En Décembre 1524, il avait fait imprimer un poème à la louange de Clément VII (2); au mois de Février suivant, ce fut le tour du Dataire, qu'on nous représente comme étant à cette époque son ennemi capital, d'être chanté en rimes (3).

---

(1) Benvenuto Cellini, *Mémoires*, chap. V.

(2) *Laude di Clemente VII, Max. opt. P., compositione del divino poeta Messer Pietro Aretino. In Roma, per Lodovico Vicentino e Lautitio Perugino, nel 1524, di Decembre, in-4º.*

(3) *Canzone in laude del Datario; compositione del preclaro poeta Messer Pietro Aretino. In Roma (senz'anno).* La date en est fixée par une lettre de l'ambassadeur Francesco Gonzaga au Marquis de Mantoue, traduite plus haut.

Durant la première moitié de cette année 1525, c'est lui qui fait dialoguer Pasquin et Marforio, qui leur prête ces mordantes épigrammes, ces spirituelles reparties dont on était si friand à Rome et qui se répandaient dans l'Italie entière. Quel dommage qu'aucune de ces compositions de messer Pietro ne nous ait été conservée! Elles firent de lui le satirique le plus redouté de son temps, elles expliquent son immense réputation, l'intérêt qu'avaient à le ménager, à le pensionner, les plus grands personnages, les Princes, les Cardinaux, l'Empereur, le Roi de France, le Pape, et nous n'en connaissons rien (1)! Si nous en possédions la collection complète, nous aurions sans doute cette épigramme contre Achille della Volta, gentilhomme amoureux d'une cuisinière, qui valut à son auteur de recevoir un beau soir du mois de Juillet 1525 deux coups de poignard dans la poitrine; la rivalité d'amour entre l'Aretino et della Volta pour cette cuisinière, est bien probablement une fable imaginée par Franco afin de rendre ridicule son ancien maître, et reproduite complaisamment dans le même but par Mazzuchelli. Della Volta était un familier du dataire Giberti; Clément VII n'osa ou ne voulut poursuivre. Cet incroyable déni de justice, la ruine désormais certaine des espérances qu'il avait con-

---

(1) Il a seulement cité les premiers vers de quelques-unes dans sa *Courtisane*, acte III, sc. VIII.

çues, décidèrent l'Aretino à quitter définitivement la Cour de Rome, à secouer sur elle la poussière de ses souliers ; mais il ne tint pas quitte le Pape, il le poursuivit de ses quolibets et de ses récriminations incessantes. Encore est-ce plutôt son avarice, sa ladrerie innée, qu'il raille le plus souvent et le plus impitoyablement ; il semble lui avoir pardonné, à la longue, de n'avoir pas puni son meurtrier, par faiblesse pour le Dataire, qui le menait, mais il ne s'est jamais pardonné à lui-même de s'être laissé leurrer par le Pontife, d'avoir cru à ses promesses et si longtemps essayé de tirer de l'eau d'une éponge. Ses biographes nous affirment qu'il fut fort heureux de trouver à Mantoue, puis au camp de Jean des Médicis et enfin à Venise un refuge contre le légitime courroux du Pape ; et c'est au contraire le Pape qui a continuellement peur de lui, qui s'excuse, presque avec humilité, de n'avoir pu faire poursuivre ses assassins, qui s'efforce d'apaiser son ressentiment, qui n'épargne pour cela ni cadeaux ni promesses, sans réussir jamais complètement à fermer la bouche à Pasquin ! Ils ne s'étaient pas quittés dans de mauvais termes, loin de là, puisqu'à son départ Clément lui avait donné un cheval, le fameux Lubino, et que de plus il enjoignait à Fra Niccolò, son camérier, de le recommander expressément au Marquis de Mantoue. En donnant au marquis la nouvelle de l'assassinat dont le satirique avait failli être victime, l'évêque de Vaison écrit que le Pape tirera de ce crime, « tel châtiment exemplaire qui se doit *per un tanto huomo* », pour un tel homme que messer Pietro : pronostic bien vite démenti par l'événement, mais témoignage irrécusable de la considération dont l'Aretino jouissait à la Cour de Rome. Les lettres de Sebastiano del Piombo nous parlent des vifs regrets que Clément VII ne craignit pas de laisser voir, dans les tragiques incidents du siège de 1527; le Pape dit tout haut combien il est peiné de n'avoir plus près de lui son poète, son conseiller intime, le seul à la vérité duquel il reconnaissait pouvoir se fier ; ce qu'il lui en coûte de n'avoir plus à son service ses yeux clairvoyants, sa plume éloquente. La haute estime qu'il professait encore pour lui à cette date, plus de deux ans après son départ, ne peut faire l'ombre d'un doute. L'outrageant sonnet du Berni, que le critique Italien, toujours bien informé, prétend avoir été composé par ce secrétaire du dataire Giberti en réponse aux injures que l'Arétin, à peine remis de ses blessures, aurait proférées contre le Pape, doit donc être reporté à une époque bien postérieure ; il donna la réplique aux Pasquins qui ne cessèrent plus tard de pleuvoir de Venise contre la Cour de Rome, et à l'occasion desquels Clément VII était obligé d'avoir recours à l'officieux intermédiaire du Doge. Mais la querelle était surtout entre l'Aretino et le dataire Giberti ; les autres dignitaires de l'Église, le Sanga, Fra Niccolò, l'évêque de Vaison, continuaient à correspondre avec lui, le traitaient de cher ami, de frère bien-aimé ; le Pape lui-même acceptait de lui des petits cadeaux, des verreries artistiques, pleurait à chaudes larmes en recevant une lettre de raccommodement et finissait par lui octroyer 500 écus Romains, 2 500 livres (environ 30 000 francs de notre monnaie, si l'on tient compte de la valeur relative de l'argent), pour doter une de ses sœurs. Ces points sont parfaitement éclaircis par les fragments de la Correspondance que nous avons citée.

Dans tout cela il n'est aucunement question des *Sonnets luxurieux* : il ne saurait en être question, le scandale qu'ils sont supposés avoir provoqué à Rome n'ayant jamais existé que dans l'imagination inventive de Mazzuchelli. Reprenons-en l'histoire sur des données meilleures que les siennes.

Rien ne s'oppose à ce qu'on place en 1524 la saisie des estampes de Marc-Antoine et la courte incarcération du graveur, aussitôt délivré par l'intervention de messer Pietro. Les dessins remontaient à l'année précédente au moins, Jules Romain ayant dès lors quitté Rome, et probablement plus haut encore, si nous tenons compte de la tradition rapportée par Dolce, d'après laquelle Raphaël, mort en 1520, passait pour y avoir travaillé. Ils auraient été exécutés sur la commande et pour l'amusement de Léon X, que nous n'en serions pas autrement surpris; c'est l'opinion de Michelet (1), d'accord, en ce qui concerne leur date, avec Dolce, et qui a dû trouver cette tradition consignée ailleurs que dans le *Dialogue de la Peinture*, cet ouvrage étant tout à fait en dehors du cercle de ses études historiques. En ce cas, l'Aretino n'eut pas grand'peine à remontrer à Clément VII de quel ridicule il se couvrait en sévissant contre Marc-Antoine : tout l'entourage du souverain Pontife devait savoir si oui ou non les dessins originaux avaient fait les délices d'un de ses prédécesseurs. On se contenta donc de saisir ce qu'on put trouver d'estampes chez le Baviera, de les détruire ou de les confiner dans quelque *in pace* de la Vaticane. Les planches n'échappèrent pas à la saisie : elles furent confisquées et brisées, pour empêcher de nouveaux tirages, et cette hypothèse

---

(1) « Il n'y eut jamais plus plaisant pape » (Léon X). « Sous ce nom grave et *léonin*, Jean de Médicis était un rieur, un farceur, et il est mort d'avoir trop ri d'une défaite des Français. Raphaël, qui nous a transmis sa grosse face sensuelle, n'a osé en marquer le trait saillant, les yeux bouffons et libertins. Friand de contes obscènes, de paroles (n'ayant plus les œuvres), il avait toujours une oreille pour Castiglione, l'autre pour l'Arétin. On connaît celui-ci. L'autre, nous l'avons au Louvre (par Raphaël aussi), conteur aux yeux lubriques, au teint rougi, vineux, âcre d'histoires salées qui réveillaient les vieux. Entre ces bons Pères de l'Église, le Pape, au même théâtre, entre deux compartiments, faisait jouer devant lui la *Calandra* et la *Mandragore*, pièces fort crues, très près des Priapées antiques que lui refaisait Jules Romain. » (*Histoire de France*, tome X, *la Réforme*).

explique seule la disparition absolue de l'œuvre de Marc-Antoine.

Depuis plus de deux cents ans, personne ne peut se vanter d'en avoir vu une suite complète. La Monnoye, qui a cru l'avoir entre les mains, s'est abusé : les distiques Latins par lesquels il a remplacé, d'après des estampes, les Sonnets de l'Aretino, qu'il n'avait pu se procurer, nous indiquent suffisamment qu'il avait affaire à un recueil tout autre que celui de Marc-Antoine ; ils ne se rapportent en aucune façon aux scènes décrites dans les Sonnets, le plus souvent l'action diffère et même le nombre des personnages (1). Mariette a fait en vain opérer les fouilles les plus actives dans toutes les bibliothèques d'Italie ; Bottari, qu'il en avait spécialement chargé, ne réussit qu'à découvrir quelques lambeaux insignifiants où l'on crut reconnaître le burin de Marc-Antoine (2). Des fragments, également considérés comme uni-

---

(1) Nous donnons en appendice ces Distiques de La Monnoye.

(2) Il les transmit à Mariette, qui l'en remercia en ces termes : « ... Je vous suis très obligé de vos recherches relatives aux estampes libres gravées par Marc-Antoine. Il faut qu'elles soient prodigieusement rares, puisque vous n'avez pu encore les rencontrer, et que tous les curieux à qui je les ai demandées n'ont jamais pu m'en dire sur elles plus long que vous. Celles dont vous me parlez, que vous avez trouvées à la Bibliothèque du Vatican et qui sont conformes à celles de la bibliothèque Corsini, n'ont rien de commun avec les estampes de Marc-Antoine. Je vois bien qu'il me faudra me contenter de ce que j'ai reçu de vous et que je puis regarder comme uniques ces fragments : ils me sont

ques (c'étaient peut-être les mêmes), ont paru en 1812 à la vente Willet (Cumberland, *Catalogue of prints.*) D'après un passage d'Ebert (*Beschreibung der Kœnigl. biblioth. zu Dresden*), que M. Graesse rapporte en le traduisant, lisons-nous dans le *Manuel du Libraire,* la Bibliothèque royale de Dresde posséda jusqu'en 1781 un exemplaire des *Sonetti lussuriosi* avec des dessins de Jules-Romain; on le retira pour le détruire, par ordre du gouvernement, et le bibliothécaire ne put sauver que les Sonnets, en les copiant. Étaient-ce les dessins originaux de Jules-Romain, ou, comme le conjecture Brunet, les gravures de Marc-Antoine ? Les Sonnets étaient-ils gravés, imprimés ou manuscrits ? Combien y avait-il de Sonnets et combien d'Estampes ? Autant de questions sans réponse, et il nous manquerait encore de savoir à quel signe on a reconnu positivement des gravures que nul n'avait vues, ni au XVIIIe siècle ni au siècle précédent. Vers 1865, le bruit se répandit qu'on venait de découvrir au Mexique, dans un couvent de femmes, une suite authentique des planches de Marc-Antoine; on n'en a plus entendu parler depuis, l'erreur ayant été sans doute reconnue.

Cette rareté si bien avérée serait tout à fait extraordinaire, si les planches avaient eu de nombreux ti-

---

d'autant plus précieux que je puis les montrer sans rougir, puisqu'ils en sont réduits aux têtes. » (*Raccolta di Lettere sulla Pittura,* etc.; Rome, 1764, in-4, tome IV). Cette lettre est écrite en Italien.

rages, tant à Rome qu'en France, où les Arétins, d'après Brantôme, se vendaient par cinquantaines de paires : ces Arétins-là n'ont rien de sérieux. Quant aux deux tirages qui auraient été effectués à Rome, l'un sans les Sonnets, l'autre avec les Sonnets, le premier seul est certain; le second a été conjecturé par de Murr et par M. Hubaud d'après les renseignements des bibliographes Italiens, qui ne nous ont donné sur toute cette affaire que des contes à dormir debout, en contradiction avec tous les documents, avec les lettres tant publiées qu'inédites de l'Aretino et de ses amis.

Les *Sonnets luxurieux* n'ont été ni gravés au bas des planches ni imprimés, soit à Rome, soit autre part en Italie, du vivant de l'Aretino; ils n'ont même probablement pas été composés par lui à Rome. Doni, dans sa *Libraria* (1re édition, 1550), a dressé une liste assez exacte de ce que l'Aretino, avec lequel il n'était pas encore brouillé, avait publié jusqu'alors; les *Sonnets luxurieux* n'y figurent pas, et cependant il mentionne de simples stances, des *Capitoli*, des Sonnets non réunis en recueil. Le premier *Index* que le Saint-Siège ait fait rédiger, en 1557, imprimé à Rome par Blado d'Asola, in-4°, contient cette énumération à la Classe II, CERTORUM AUCTORUM LIBRI PROHIBITI : *Petri Aretini Dialogi ; Cortegiana ; Humanità di Christo ; Tre Giornate ; Vita della Madonna ;* et c'est tout. Si les *Sonnets luxurieux* avaient été publiés à Rome, s'ils y avaient causé ce scandale épouvantable dont nous ont parlé tous les bibliographes Italiens, comment auraient-ils échappé aux censeurs qui n'épargnaient pas même l'*Humanità di Christo* et la *Vita della Madonna*, deux livres écrits par l'Aretino en vue d'obtenir le chapeau de Cardinal? Le silence de l'Index confirme donc celui de Doni. Un autre motif rend encore plus improbable cette publication. Messer Pietro ne vivait pas à Rome dans une complète indépendance, comme plus tard il vécut à Venise; familier du Pape, entretenu dans le Palais Apostolique, mal entretenu, s'il faut en croire les récriminations auxquelles il s'est livré dans son *Dialogue des Cours* (1), mais obligé néanmoins à une certaine réserve, toujours à la veille d'être pourvu de quelque haute charge ecclésiastique, entouré d'intrigants, de jaloux, d'envieux qui l'évinçaient, d'ennemis que lui suscitaient ses mordantes épigrammes, il avait assez d'esprit pour ne pas mettre de gaîté de cœur un tel atout dans leur jeu. La publication des Sonnets, après l'esclandre des gravures et l'incarcération de Marc-Antoine, eût

---

(1) *Ragionamento nel quale M. Pietro Aretino figura quattro suoi amici che favellano delle Corti del mondo e di quella del Cielo;* 1538, in-8°. Ce Dialogue, réuni à celui du *Jeu de cartes* (*Ragionamento del divino Pietro Aretino, nel quale si parla del giuoco con moralità piacevole*), a été donné à tort par un éditeur (Giovan-Andrea del Melagrano, 1589) comme une suite des célèbres *Ragionamenti* ou Dialogues putanesques, avec lesquels il n'a d'autre rapport que la forme. Il n'en est pas moins très curieux; on y rencontre à foison les anecdotes les plus plaisantes sur l'avarice de Clément VII et les mœurs dépravées de la Cour de Rome.

été un défi trop audacieux, une injure grave faite au Pape lui-même, et dans un moment où l'Aretino en attendait les plus grandes faveurs. Sa Correspondance nous montre que, même après son départ de Rome, il ne cessa de les espérer encore, comme le Pape ne cessa de lui en faire entrevoir la réalisation prochaine : il n'avait donc hasardé rien qu'on pût lui opposer comme un obstacle. Dans ces conditions, tout ce qu'il aurait pu vraisemblablement se permettre, lorsqu'il eut connaissance des Estampes et que leur vue échauffa sa verve poétique, ç'aurait été d'écrire de sa main, au bas de chacune d'elles, les Sonnets qu'elles lui avaient inspirés. Cette interprétation est parfaitement d'accord avec l'expression dont il se sert dans sa lettre au médecin Zatti : « *Ci sciorinai sopra, i Sonetti che si veggono a i piedi,* » expression qui n'a guère d'équivalent en Français (on dirait en Latin : *lusi versiculos...*) et qui n'implique pas absolument publication. De ce qu'il dit envoyer à César Frégose « le livre des Sonnets et des Figures luxurieuses », on a conclu que les Sonnets devaient être imprimés ou gravés. Pourquoi ? Un recueil d'estampes, avec des pièces de vers manuscrites à chaque planche, ne serait-il pas un livre ?

Mais est-ce bien à Rome que l'Aretino se permit cette petite débauche d'esprit ? L'allusion que nous avons relevée dans le Sonnet IV nous a donné la certitude qu'il écrivait durant la captivité de François Ier. La bataille de Pavie eut lieu le 24 Février 1525 ; la captivité du Roi dura jusqu'au 15 Mars de l'année suivante, jour où fut opéré sur la Bidassoa l'échange de la personne du prisonnier contre celles de ses deux fils livrés en otage, d'après les stipulations du traité de Madrid. Des douze mois qui remplissent ce laps de temps, messer Pietro en passa environ huit à Rome, de Mars à la mi-Octobre ; mais après le guet-apens du 30 Juillet, d'abord cloué au lit par ses blessures, puis cherchant à tirer vengeance de son assassin, il eut sans nul doute en tête d'autres soucis que de composer des poésies badines. Pour les cinq mois précédents, la Correspondance publiée par M. Armand Baschet et que nous avons traduite, se trouve précisément être abondante, car elle ne contient pas moins d'une dizaine de lettres, de Mars à la fin de Juin, et on n'y rencontre aucune mention des Sonnets. S'ils avaient été composés à cette époque, le Marquis de Mantoue en aurait été le premier informé, lui qui s'inquiétait si curieusement des moindres productions de son cher Aretino, lui qui voulait non seulement les avoir toutes, mais les avoir avant tout le monde, par la raison que « la nouveauté ajoute du prix aux choses. » Ils ne le furent donc qu'après son départ, et probablement à Mantoue même, chez le Marquis (1),

---

(1) Frédéric II de Gonzague, fils de François II, marquis de Mantoue, et d'Isabelle d'Este. Il succéda à son père en 1519, obtint par la suite de Charles-Quint que son marquisat fût érigé en duché, et mourut en 1540.

près duquel messer Pietro se rendit en quittant Rome, comme l'ambassadeur Francesco Gonzaga l'annonçait à son maître, comme nous le certifie la lettre de recommandation écrite en faveur du poète par Fra Niccolò, sur l'ordre du Pape. Le Marquis de Mantoue, ayant près de lui Jules Romain, qui lui dressait alors les plans du magnifique palais du T, n'ignorait rien de l'histoire des Sonnets et des Estampes; il possédait assurément ces dernières. C'était un prince éclairé; il employait son ambassadeur à Rome à collectionner des antiques. Son goût particulier pour la plastique sensuelle nous est connu; c'est à lui que plus tard messer Pietro envoyait comme un morceau de choix, digne de lui être offert, une Vénus du Sansovino « si vivante, qu'elle remplit de désirs libidineux quiconque la regarde; » et c'est pour lui encore qu'il voulait faire renoncer Fra Sebastiano à ses hypocrisies et à ses stygmates, c'est-à-dire aux *Mises au tombeau* et aux *Crucifiements*, ses sujets habituels. Combien les Estampes avaient dû lui plaire, on en jugera par ce fait qu'il voulut que Jules Romain lui en reproduisît une sur toile, pour qu'au charme du dessin vînt se joindre celui du coloris. « Jules Romain, » nous apprend Vasari, « peignit pour le marquis Federico, qui le donna à Vespasiano Gonzaga (1), un tableau où il a

---

(1) Vespasiano, duc de Palliano, mari de Giulia Gonzaga, « la plus belle femme de l'Italie, » dit L. Ranke, *Hist. de la Papauté au* xvie *siècle*.

représenté un jeune homme et une jeune femme couchés sur un lit, se tenant étroitement embrassés et se prodiguant des caresses, tandis qu'une vieille, cachée derrière une porte, les regarde furtivement. Ces figures, d'une grâce indicible, sont presque de grandeur naturelle. » (*Vie des Peintres*; biogr. de J. Romain). C'est, avec quelques modifications de détail, la scène que retraçait la planche XI des Estampes. Nous devons fort probablement les *Sonnets luxurieux* à un caprice princier du même genre; amateur passionné de choses de haut goût, le Marquis les aura commandés à son poète, dès qu'il l'eut sous la main, comme il avait commandé le tableau à son peintre. En l'absence de témoignages positifs, nous ne pouvons faire, comme Mazzuchelli, que des suppositions, des conjectures; du moins les nôtres ont-elles sur les siennes l'avantage d'être d'accord avec les faits, les documents et la vraisemblance.

L'Aretino ne donna aucune autre publicité aux Sonnets; il les transcrivit ou fit transcrire sur quelques suites des Estampes, et, ayant à compter lui-même avec la rareté de celles-ci, il les transcrivait longtemps encore après l'époque de leur composition sur les exemplaires qu'il pouvait se procurer, comme nous le montre l'envoi fait par lui en 1537 au médecin Zatti, envoi dans lequel les vers, ainsi que l'épître dédicatoire, étaient autographes, assurément. Les amateurs qui détenaient les

Estampes et entre les mains de qui tombèrent les Sonnets, les copièrent à leur tour et ils commencèrent ainsi à se répandre, sans que l'Aretino ait jamais semblé les comprendre au nombre de ses ouvrages, ce qu'il n'eût pas manqué de faire s'ils avaient été imprimés. L'occasion de les mentionner s'est cependant maintes fois présentée sous sa plume. « La vieillesse me rend l'esprit paresseux, » écrivait-il à Francesco da Larme, en 1537; « l'amour, qui me le devrait réveiller, me l'endort. Je faisais d'habitude une cinquantaine de stances par matinée : à peine en puis-je aligner une seule aujourd'hui; en sept matins j'ai composé les *Psaumes*, en dix la *Courtisane* et le *Maréchal*, en quarante-huit les deux *Dialogues* (1), en trente la *Vie du Christ* : j'ai sué six mois sur la *Sirena!* » Dans une autre lettre de la même année (2), il feint d'avoir rêvé qu'Apollon, sur le Parnasse, lui couvrait la tête de couronnes au point d'en avoir la charge d'un éléphant : « Cette couronne de rue, » lui dit le dieu, « t'est donnée pour tes plaisants *Dialogues putanes-* » *ques* ; celle d'orties, pour tes piquants Sonnets » contre les prêtres (3) ; celle de toutes sortes de » feuilles, pour tes agréables Comédies ; celle

---

(1) Les deux parties des *Ragionamenti*, qu'il appelait aussi ses *Dialogues putanesques*.
(2) A Gian-Jacopo Leonardi, ambassadeur du duc d'Urbin.
(3) Ses Pasquins contre les cardinaux.

» d'épines, pour tes livres Chrétiens; celle de cyprès,
» pour l'immortalité assurée à ceux que tu nommes
» dans tes écrits; celle d'olivier, pour la paix que tu
» as mise entre les Princes; celle de laurier, pour tes
» stances guerrières et amoureuses; celle de chêne,
» pour la vigueur avec laquelle tu as combattu l'ava-
» rice. » Dans l'un et dans l'autre cas, l'Aretino pouvait rappeler les *Sonnets luxurieux*, dire s'ils lui avaient coûté une journée entière ou seulement une demi-journée, et quelle petite couronne ils méritaient comme les autres; s'il n'en parle pas, c'est probablement à cause du peu de diffusion de pièces restées manuscrites, distribuées aux intimes, et que pouvaient très bien ignorer ceux à qui il écrivait.

La première mention qui ait été faite des *Sonetti lussuriosi* comme d'un livre imprimé, se trouve dans les *Memoriæ historico-criticæ librorum rariorum* d'Auguste Beyer (Dresde, 1734, in-8°), où on lit, p. 18, que ce livre se compose de vingt-trois feuillets dont le recto seul est imprimé, le verso étant laissé en blanc; qu'il ne contient aucune gravure, sauf une seule, qui est libre et sert de frontispice (1). On ne connaît cette édition que par les réimpressions qui en ont été faites depuis, sous le même titre de *So-*

---

(1) « *Constat vigenis et tribus plagulis quarum anterior pagina tantum litterarum typis est repleta, posterior autem vacua. Figuræ nullæ adsunt, præter unicam lascivam quæ tituli loco est.* » C'est un livret in-12, sans lieu ni date.

netti lussuriosi, comprenant le même nombre de feuillets et affectant la même forme typographique, c'est-à-dire avec les Sonnets au recto et le verso laissé en blanc, sans doute pour qu'on pût y coller des estampes. Charles Nodier, *Description raisonnée d'une jolie collection de livres* (Techener, 1844, in-8º), en a décrit une :

« *Aretino Pietro. Sonetti lussuriosi, in Vinegia*, 1556, pet. in-16.

» Je prie le lecteur d'être bien persuadé que ce n'est pas ici la fameuse édition originale des *Sonetti* dont Ménage désirait si vivement de rencontrer un exemplaire, édition souvent citée, que l'on a décrite, que l'on a taxée (1) et qui n'existe peut-être pas. C'est une simple réimpression d'ailleurs complètement inconnue, qui paraît avoir été exécutée en Suisse dans le courant du siècle dernier et qui diffère beaucoup de celle de Grangé (2). Elle se compose de vingt-deux feuillets dont le premier contient le titre et chacun des autres un Sonnet imprimé au recto, le vingt-unième seul excepté, qui ne contient qu'un huitain ».

Nous en avons entre les mains une autre : *Sonetti lussoriosi* (sic) *di Messer Pietro Aretino. In Venezia,*

---

(1) Ch. Nodier se trompe : l'édition que l'on a décrite et taxée n'était pas l'édition supposée originale, faite du vivant de l'Arétin, mais la *Corona de' Cazzi*, dont il va être question.

(2) *Dubbii amorosi, altri Dubbii e Sonetti lussuriosi di Pietro Aretino. Nella stamperia del Forno, alla Corona di cazzi* (Parigi, Grangé, *intorno* 1757), in-16 de 84 pp.

l'anno M.DCC.LXXIX, exactement composée du même nombre de feuillets, les versos blancs ; comme il y manque un Sonnet, le IVe, omis par la négligence de l'imprimeur, nous en concluons que ce Sonnet manque aussi dans l'édition décrite par Nodier, et que toutes les deux sont, sauf cette lacune, la reproduction textuelle de l'exemplaire mentionné par A. Beyer, qui avait vingt-trois feuillets.

D'autres éditions bien plus rares, puisqu'on n'en retrouve à présent aucun exemplaire, semblent avoir porté le titre de *Corona de i Cazzi*, sans doute à cause du Frontispice, très connu et souvent reproduit : une couronne de Priapes entrelacés. C'est sous ce titre qu'il en figurait une au Catalogue de Boze : *Corona de i Cazzi, (cioè Sonetti lussuriosi di Messer Pietro Aretino; Stampata senza luogo nè anno, in-16)*. De Bure ne croyait pas que ce bibliophile émérite l'eût réellement possédée :

« S'il faut s'en rapporter, » dit-il (*Bibliographie instructive*, tome II), « au Catalogue des livres du Cabinet de feu M. de Boze, publié de format in-folio du vivant de cet Amateur, on sera persuadé que cette fameuse édition devoit en faire partie, puisqu'elle est indiquée sous un numéro particulier de ce Catalogue; mais on croit communément que ce Savant ne l'a jamais eue en sa possession, et ne l'avoit annoncée dans son Catalogue, que sur l'espérance qu'il avoit de se la procurer un jour. »

Cependant, le livre est marqué comme relié en maroquin rouge et coté 1000 francs, ce qui serait bien singulier s'il était tout à fait imaginaire. Une autre raison nous incline à croire que les Sonnets ont pu porter ce titre de *Corona de i Cazzi*, c'est qu'on le leur a donné en les réimprimant dans le *Recueil du Cosmopolite* (1735, in-8º). Ce recueil, exclusivement composé de pièces Françaises, à l'exception des *Sonetti*, des *Dubbii amorosi* et du *Capitolo del Forno* de Mgr della Casa, a été, chacun le sait, imprimé en France ; éditeurs, typographes et correcteurs, tous ceux qui ont concouru à son exécution ignoraient complètement l'Italien, comme il n'appert que trop du nombre considérable de mots qu'ils ont estropiés, notamment en prenant presque toujours les *s* longues pour des *f*, et réciproquement. Ils ont dû se borner à copier de leur mieux un vieux livre qu'ils avaient entre les mains. Dans ce Recueil, les Sonnets sont intitulés : *Corona di Cazzi* ; *Sonnetti* (sic) *Divi Aretini*. *Corona di Cazzi* est évidemment le titre copié sur l'imprimé, et qu'on n'a pas inventé ; *Sonnetti Divi Aretini*, au lieu de *Sonetti del divino Aretino*, qu'il faudrait en Italien, est un sous-titre de mauvais Latin imaginé par l'éditeur, qui a cru bien faire. A cela s'est borné, sans aucun doute, son intervention, et nous tenons là, exempte de toute retouche, une reproduction exacte d'une des plus anciennes éditions, un texte d'une antiquité certifiée par son orthographe archaïque du XVIe siècle. Mais sommes-nous bien en présence de l'œuvre même du divin Pietro ? il nous reste à en acquérir la preuve.

Dans cette réimpression faite sur la *Corona de i Cazzi*, comme dans celles qui portent le titre de *Sonetti lussuriosi*, le texte est identique, l'ordre des pièces est le même, leur nombre également, sauf l'omission du Sonnet IV signalée plus haut et qui n'est peut-être pas générale. Le recueil se compose, ou doit se composer, de dix-neuf Sonnets à queue (1), de deux Sonnets réguliers et d'un huitain. Ce huitain est insignifiant et il n'y a pas lieu d'en tenir compte; nous ne l'avons pas reproduit; c'est une fantaisie sans rime ni raison de quelque copiste en goguette, acceptée à tort par les éditeurs. Restent vingt et un Sonnets. Quoique l'Aretino n'ait jamais parlé que de seize, de Murr pense que les vingt et un sont de lui; c'est aussi l'avis de M. Hubaud, qui cependant propose de rejeter les deux Sonnets réguliers, l'Arétin étant par trop maltraité dans l'un d'eux pour l'avoir écrit de sa propre main : il y est ouvertement appelé bardache et pédéraste ! Nous croyons, nous, qu'il faut en retrancher quatre autres encore, et pour de bons motifs; que les seuls Sonnets d'une authenticité non douteuse sont ceux

---

(1) On appelle sonnets à queue, *colla coda*, en Italien, des sonnets dans lesquels, aux deux quatrains et aux deux tercets réglementaires, est ajoutée une *queue* d'un ou plusieurs tercets dont le premier vers n'est qu'un simple hémistiche rimant avec le dernier vers du tercet qui précède. La *queue* des sonnets qui nous occupent est d'un seul tercet.

qui portent les numéros I à XVI dans la réimpression du *Cosmopolite*.

Aucun indice ne nous permet de supposer que l'Aretino ait ajouté une seule pièce à son œuvre primitive, et, en adressant Estampes et Sonnets au médecin Zatti, il lui dit, à la fin de son Épitre : « Voyez si j'ai retracé au naturel, dans mes vers, les attitudes des jouteurs. » Chaun de ses Sonnets devait donc, cotume l'Estampe au bas de laquelle il était écrit, représenter une attitude précise, et non traiter de généralités vagues. Tel est bien le cas des Sonnets chiffrés de I à XVI dans la réimpression du *Cosmopolite*; ils dépeignent tous une posture particulière, très reconnaissable, et, s'ils ne remplacent pas les Estampes, dont la perte est irréparable, du moins en donnent-ils une idée suffisante. Le Sonnet qui les précède, intitulé *Proemio* (proëme ou préambule), est une entrée en matière, ne répondant à aucune attitude déterminée (1) ; il correspond au Frontispice, cette couronne de Priapes entrelacés, qui assurément n'est pas de Marc-Antoine et que personne ne lui attribue. On y rencontre au 4ᵉ vers le nom du Berni, cité avec une sorte de faveur pour la grâce de ses madrigaux : ce serait la seule fois que notre poète aurait parlé du

---

(1) C'est une sorte de passe-partout ; on le retrouve, avec quelques changements, en tête de la *Tariffa delle Puttane*.

Berni sans l'injurier. Il débute d'ailleurs par ce vers :

Questo è un libro d'altro che di Sonetti.....

personne de sensé ne croira que l'Aretino, un écrivain d'une telle valeur et si maître de sa plume, annonce un recueil de Sonnets en disant : « Voici un livre d'autres choses que de Sonnets ! » Cette pièce est donc à rejeter. Nous retranchons pour des motifs équivalents le Sonnet XVII :

Veduto havete le reliquie tutte.....

c'est une récapitulation de ce qu'on a vu ; il ne s'applique à aucune posture érotique, mais au receuil dans son ensemble ; il ne pouvait donc être mis au bas d'aucune estampe. Il est si bien dans le ton des autres, que nous avons hésité à le mettre parmi les apocryphes : peut-être le poète l'a-t-il griffonné à la fin du recueil, sur un feuillet blanc ; toutefois, en l'absence d'une preuve positive, nous avons dû l'écarter de la série des XVI. Pour le XVIIIe, c'est évidemment, non l'œuvre du maître, mais celle d'un disciple, et d'un disciple inhabile. Les vers 14 et 15 :

Quel mio cazzon duro so che guarisce
Polmon anche la tosse...

répètent le 14ᵉ du Sonnet IX :

Che guarisce le potte de la tosse,

et le dernier vers, le trait final, qui doit toujours avoir quelque originalité :

Ma di finir cosi presto mi dispero,

est copié sur celui du Sonnet VI :

Ma d'haver poco cazzo mi dispero.

L'Aretino était trop riche de son propre fonds pour se piller lui-même, à quelques pages de distance. Les deux dernières pièces, qui ne sont pas chiffrées, intitulées l'une *Dialogo*, l'autre *Sonetto ultimo*, portent leur date et la preuve de leur inauthenticité. Dans le *Dialogo*, l'Aretino s'entretient plaisamment avec Niccolò Franco, son ancien élève, pendu à Rome en 1565, et leur conversation roule précisément sur cette pendaison ; l'Aretino avait passé lui-même de vie à trépas en 1556, neuf ans avant que Franco ne fût pendu : cette pièce n'est donc qu'un Dialogue des Morts, que ni l'un ni l'autre n'a pu écrire, et, puisqu'elle est tirée des plus anciens recueils que nous ayons des *Sonnets*, elle nous montre que les premières éditions, bien loin d'avoir été faites du vivant de l'auteur, lui sont postérieures au moins d'une bonne dizaine d'années. Le *Sonetto ultimo* est une anecdote versifiée, relative également à un pendu, peut-être encore à Niccolò Franco, quoiqu'on y dise « un homme d'Ascoli », quand il aurait fallu, pour être exact, dire « un homme de Bénévent », et qui, en tout cas, ne peut se rapporter à aucune attitude amoureuse, à aucune des estampes de Marc-Antoine. Ces cinq pièces : le *Proemio*, les Sonnets XVII et XVIII, le *Dialogo* et le *Sonetto ultimo*, ne font donc point légitimement partie de la série des XVI ; nous les en avons retranchés, en les réunissant séparément sous le titre de *Sonnets ajoutés aux précédents par les plus anciens éditeurs.*

Les XVI Sonnets qui, dans la réimpression du *Cosmopolite*, suivent immédiatement le *Proemio*, remplissent au contraire toutes les conditions désirables d'authenticité. Outre qu'ils répondent tous à une attitude déterminée et satisfont ainsi à la première condition qu'on doit exiger d'eux, ils sont si bien dans la manière de messer Pietro, qu'on l'y reconnaît immédiatement, pour peu qu'on soit familiarisé avec son style, à ses tournures et locutions favorites, à sa bonne humeur, à cette jovialité qui ne l'abandonne jamais. On y relève d'ailleurs un certain nombre d'allusions assez personnelles à lui-même ou assez particulières au temps où il écrivait, pour qu'un peu plus tard les éditeurs, ne les comprenant plus, les aient supprimées et remplacées ; ils portent donc bien la marque de l'époque où ils ont été faits et comme la signature de leur auteur.

> *.....Crève dans le Palais,*
> *Messire Courtisan, et attends qu'un tel meure !*

nous dit-il, Sonnet II ; cette réflexion, que lui inspiraient sans doute alors, à la fin de 1525, ses déboires récents à la Cour de Rome, est depuis revenue cent fois sous sa plume. Dans le Sonnet IV se trouve l'allusion à la captivité de François Ier, qui nous a mis sur la voie de la véritable date du recueil ; dans les Sonnets VII, IX, XII, XIII, XIV, XVI, se rencontrent les noms de Fra Mariano, du Rosso, d'Hercole Rangone, d'Angela Greca, de la Lorenzina, de la Ciabattina, de la Beatrice, de maître Andrea, tous personnages familiers à quiconque a lu les *Ragionamenti*, les *Lettres*, le *Dialogue des Cours*. Mariano Fetti, ancien barbier de Laurent des Médicis, père de Léon X, devenu Fra Mariano lorsque celui-ci, élu Pape, l'eut fait Moine du Plomb (*Frate del Piombo*) à la Chancellerie Pontificale, était un original que ses excentricités [1]

---

[1] L'Aretino en a raconté quelques-unes dans son *Dialogue des Cours* ; la Nanna le mentionne (IIe Partie, 1re Journée des *Ragionamenti*) et la Commère (fin de la IIe Partie, 3e Journée) parle des splendides jardins, l'une des merveilles de Rome, qu'il avait sur le Monte-Cavallo. L'Office du Plomb, qui rapportait annuellement 800 écus Romains (4,000 livres, entre trente et quarante mille francs de notre monnaie), était une lucrative sinécure que les papes accordaient d'ordinaire à quelque grand artiste devenu vieux, comme une honorable retraite. Bramante l'avait eu

avaient rendu célèbre à Rome, dans l'entourage de Léon X, Adrien VI et Clément VII. Angela Greca, la Lorenzina, la Ciabattina, la Beatrice, sont des courtisanes Romaines dont le nom revient souvent dans la bouche de la Nanna, principale interlocutrice des *Ragionamenti*; elles étaient renommées pour les plus jolies et les plus chèrement payées du temps. Hercole Rangone est un des correspondants de l'Aretino, très lié avec cette famille des Rangoni,

---

sous Jules II. Léon X, ce magnifique protecteur des arts, comme nul ne l'ignore, en gratifia un perruquier! Après lui, on en revint à la tradition. L'excentrique Fra Mariano mort, Benvenuto Cellini, déjà célèbre, mais à peine âgé de trente et un ans, demanda à lui succéder. — « Si je te donne l'Office du Plomb, qui vaut » 800 écus, » lui répondit Clément VII, « tu te frotteras le ventre » et ne feras plus rien. » (*Mémoires* de Benvenuto, ch. XI.) Il le donna au peintre Sebastiano, qui fit part en ces termes de sa bonne fortune à l'Aretino, son compère, alors fixé à Venise :

« ..... Aujourd'hui que Notre Seigneur m'a fait moine, je ne voudrais pas que vous crussiez que la moinerie m'a gâté; je suis toujours le même Sebastiano, peintre, bon compagnon, comme devant. Ce qui m'ennuie, c'est de ne pas pouvoir jouir avec mes chers amis et camarades de ce que Dieu et notre maître, pape Clément, m'ont donné. Inutile de vous dire, je crois, comment la chose est arrivée.... Suffit que vous sachiez que je suis *Frate Piombatore*, c'est-à-dire que j'ai l'Office qu'avait cette bonne âme de Fra Mariano. Et Dieu veuille que vous m'eussiez cru! Mais patience, mon cher frère. Moi, je crois, et très bien, et je recueille le fruit de ma foi. Dites à Sansovino qu'à Rome on pêche des Offices, des Plombs, des Chapeaux, et qu'à Venise on ne pêche que des anguilles, des crabes, des crevettes.... Rome, 4 Décembre 1531. » (*Lettere scritte all' Aretino*, t. Ier.)

que pratiquait aussi Bandello. Peut-être Jules Romain, par un caprice assez habituel aux peintres, avait-il donné aux acteurs de la scène gravée pl. XII les physionomies de Rangone et de la Greca, ce qui expliquerait les termes du Sonnet. Il était en tout cas moins scabreux de représenter ainsi un gentilhomme et une courtisane, que d'attribuer des fantaisies érotiques de ce genre, comme un autre artiste dont parle Brantôme (1), à quelque Prince de l'Église. Quant au Rosso et à maître Andrea, ce sont aussi pour nous de vieilles connaissances. La Nanna (*Ragionamenti*, Ire Partie, 2e Journée) rappelle à son amie Antonia de quels bons rires elles éclataient aux bouffonneries de l'excellent maître Andrea, et souhaite que Dieu donne la paix à son âme. — « Pour sûr » réplique Antonia, « la mort eut » tort de l'enlever à Rome, qui en est restée veuve » et depuis ne connaît plus ni Carnaval, ni Stations, » ni Vignes, ni passe-temps d'aucune sorte. — Il » en serait ce que tu dis, » reprend la Nanna, « si » Rome perdait le Rosso, qui fait merveille avec » ses gentillesses. » On a vu, par la correspon-

---

(1) « Un de ces ans, le pape Sixte fit pendre à Rome un secrétaire qui avoit été au cardinal d'Est, et s'appeloit Capella, pour beaucoup de forfaits, mais entre autres qu'il avait composé un livre de ces belles figures, lesquelles étoient représentées par un grand que je ne nommeray point, pour l'amour de sa robe, et par une grande, l'une des plus belles dames de Rome, et tous représentés au vif et peints au naturel. » (*Dames galantes*, Discours Ier.)

dance diplomatique du Marquis de Mantoue, que maître Andrea avait été tué par les Espagnols, lors du sac de Rome en 1527. C'était un peintre de beaucoup de talent, mais renommé surtout pour ses bouffonneries (1), comme le Buffalmaco que Boccace et Sacchetti ont mis souvent en scène. Cette même correspondance nous le montre en outre, « lui qui n'avait à la bouche que son cher Pietro, » occupé à en recueillir soigneusement les pièces manuscrites, à les recopier et à les envoyer à ses admirateurs, autant de titres qui devaient le rendre cher à notre Aretino. Le Rosso dont il est ici parlé, qu'il ne faut pas confondre avec le célèbre peintre du même nom attiré en France par François Ier, était un simple bateleur, un *canta in banca*; l'Aretino en a fait l'un des plus amusants personnages de sa comédie intitulée la *Courtisane*, un Scapin qui vaut presque celui de Molière. Ces nombreuses allusions à des personnages tous connus particulièrement de l'Aretino, et dont la notoriété ne lui survécut point, nous fixent irrévocablement sur l'authenticité des XVI Sonnets.

Aux anciennes éditions qui ont servi de base à notre travail et dans lesquelles les Sonnets sont déjà au nombre de vingt et un, en succédèrent

---

(1) Voir un bon tour, authentique ou non, joué par la Nanna à un officier, et dans lequel il tient fort bien son rôle (*Ragionamenti*, IIe Partie, 1re Journée).

assez rapidement d'autres, dont les réimpressions sont communes, et qui contiennent vingt-six Sonnets, tous uniformément à queue. Deux séries de *Dubbii amorosi*, ou *Cas de conscience érotiques*, l'une en quatrains, l'autre en huitains, attribués comme les Sonnets à Pietro Aretino, sont toujours jointes à ces éditions dont une des plus correctes, sinon des plus anciennes, est la suivante : *Dubbj amorosi, Altri Dubbj e Sonetti lussuriosi di Pietro Aretino, dedicati ad Clero; in Parigi, appresso Giacomo Girouard, nella strada del fine del mondo* (1); elle est identique à celle de Grangé (1757) dont il a été question plus haut.

Laissant de côté les *Dubbii*, dont nous n'avons pas à nous occuper, nous dirons seulement que parmi ces vingt-six Sonnets, il n'y en a que dix-sept qui aient été empruntés aux précédents recueils (ils portent les nos I, II, IV, V, VII, IX, X, XI, XVI, XVII, XVIII, XIX, XX, XXII, XXIII, XXIV et XXV) et encore l'ordre en a-t-il été complètement bouleversé, le style et l'orthographe rajeunis; des

---

(1) Le recueil est précédé d'une Dédicace, affectant la disposition des inscriptions lapidaires, dont voici la traduction : *Aux éminentissimes Cardinaux, aux illustrissimes et révérendissimes Archevêques et Évêques, aux Cubiculaires de Sa Sainteté, aux Protonotaires Apostoliques, à tout le Clergé régulier et séculier, non moins qu'à toutes les révérendissimes Mères en Christ, Florindo Rompiculo, imprimeur, humblement donne, consacre et dédie cet opuscule.*

vers, des strophes ont été modifiés radicalement et les allusions qui nous ont servi à reconnaître les pièces authentiques ont pour la plupart disparu. Ainsi, dans le Sonnet XXIV, reproduction du Sonnet VII de la série des XVI, Fra Mariano, qui était un mythe pour des éditeurs de la fin du XVIe siècle ou du commencement du XVIIe, a été remplacé par : « *Un coglione all' antica.* » Au lieu de : « *Tu hai il pensier del Rosso* » du Sonnet IX (chiffré XXIII), on lit : « *Tu hai 'l pensier ben rozzo.* » Le « *Spinge, maestro Andrea* » du Sonnet XVI (chiffré XVII) est devenu : « *Spinge, maestro mio,* » et comme il n'y avait pas d'enfant à bercer du pied dans l'estampe, on a dû encore modifier tout le second quatrain, ce qui rend incompréhensible le premier tercet, conservé tel quel. Le Sonnet IX (correspondant au Sonnet XI de la série des XVI) n'offre plus trace de servante entr'ouvrant la porte et surprenant le couple en flagrant délit, de sorte que les interjections injurieuses adressées à l'importune servante se trouvent placées dans la bouche de l'amant interpellant sa maîtresse, ce qui est absurde. Ces modifications et quelques autres encore qu'il est inutile de noter, sans compter l'adjonction de neuf pièces entièrement nouvelles, altèrent l'œuvre de P. Aretino et rendraient la concordance difficile avec les estampes de Marc-Antoine, si jamais on venait à les retrouver; elles ne suffisent cependant pas à justifier l'étrange assertion de Mazzuchelli, qui, après avoir déclaré que les vingt et un Sonnets de la *Corona de' cazzi* sont tous de l'Aretino, même celui où il est si outrageusement traité de bardache et de pédéraste, nous affirme qu'aucun des vingt-six n'est vraisemblablement de lui (1).

Après avoir donné le texte authentique des Sonnets, nous n'avions pas à le reproduire défiguré par les variantes et les corrections que, pour une cause ou pour une autre, les éditeurs lui ont fait subir; nous nous sommes contenté de réunir, sous le titre de *Sonnets ajoutés dans les éditions modernes*, les neuf pièces nouvelles dont le recueil a été augmenté. On est habitué à les voir figurer parmi les *Sonnets luxurieux*, on les croit de l'Aretino, et ils nous donnent, ainsi que les Distiques Latins de La Monnoye, l'occasion de revenir sur les suites d'estampes qui remplacèrent celle de Marc-Antoine, sur ces *Arétins* dont Brantôme a fait si souvent mention.

Le bibliophile anonyme qui a traduit et annoté de Murr s'est bien abusé en nous disant que Brantôme

---

(1) « A la suite des *Dubbii* se lisent vingt-six Sonnets, tous à queue et traitant de matières obscènes; on pourrait, de même que les *Dubbii*, les croire de l'Aretino, d'autant plus que son nom se trouve sur le titre; mais le style et bien d'autres raisons encore rendent vraisemblable qu'aucune de ces pièces n'est son œuvre et qu'un écrivain plus moderne lui a emprunté son nom pour accréditer les siennes propres. » (*Vita dell'Aretino*, p. 260.)

devait nécessairement parler des estampes de Marc-Antoine, les imitations d'Annibal Carrache n'étant venues que longtemps après. D'abord il n'y aurait rien d'impossible à ce que ces imitations eussent circulé dès 1584 ou 1585, époque à laquelle Brantôme retouchait ses Mémoires, puisqu'il y parle d'une mésaventure arrivée sous Sixte-Quint à l'auteur d'un livre de figures du même genre ; en second lieu, ces sortes de recueils étaient plus nombreux qu'on ne le croit ; entre celui de Marc-Antoine et celui d'Annibal Carrache, il y en eut au moins quelques-uns. Rappelons seulement une suite de *Métamorphoses des Dieux*, dessinées par le Rosso, le Caraglio et Perino del Vaga, dont plusieurs planches étaient très libres, et les *Amours des Dieux* gravés par Giulio Bonasone, quatorze pièces qui ont été souvent prises pour les estampes de Marc-Antoine ; on y joignait six pièces « dans lesquelles sont représentés un homme et une femme nus, quelquefois accompagnés de l'Amour » (*Felsina pittrice*, Bologne, 1678, tome I), qui faisaient les délices des amateurs. Ces estampes purent circuler en France tout aussi bien que celles de Marc-Antoine et c'est bien plutôt à elles que fait allusion le chroniqueur des *Dames galantes*. Il ne parle pas, en effet, que d'un seul *Arétin*, bien loin de là : il dit au contraire expressément qu'il y en avait de toutes sortes, de plus ou moins libres, ce qui peut très bien s'entendre de ces divers *Amours* et *Métamorphoses des Dieux*. Après nous avoir raconté que Bernardo (Bernardino Turisano), parent du grand Aldus Manutius, établi libraire rue Saint-Jacques, en avait vendu à force gens mariés et non mariés, entre autres à trois dames de sa connaissance, il ajoute : « Une autre dame luy ayant demandé au bout de quelque temps s'il en avoit point un pareil, comme un qu'elle avoit vu entre les mains d'une de ces trois, il luy respondit : *Signora si, e peggio !* » Ce second *Arétin*, pire que le premier, n'étoit évidemment pas le même ; ce Bernardo en avait donc pour tous les goûts. Notre messer Pietro lui-même, dans ses *Ragionamenti* (Ire Partie, 1re Journée), a fait mention d'un recueil de ce genre nécessairement différent de celui qu'il a illustré de ses Sonnets. La Nanna raconte ainsi un épisode de sa vie de Religieuse :

« ... Retirant le paquet de son enveloppe, je vois que c'est un très beau livre de messe, ce que m'envoyait mon ami ; du moins je crus que c'était un livre de messe. Il était relié en velours vert, ce qui signifie amour, avec des cordons de soie. Je le prends en souriant, je le caresse de l'œil, je le baise partout en déclarant que c'était le plus beau que j'eusse jamais vu, et je congédie le messager en lui disant d'embrasser son maître pour moi. Restée seule, j'ouvre le livre pour lire *Magnificat*, et aussitôt je vois qu'il est plein d'images où l'on se divertissait dans les postures pratiquées par les doctes Religieuses. En en regardant une qui, exhibant sa boutique par le cul d'un panier sans fond, se laissait tomber au bout d'une corde sur le gland d'un membre démesuré, j'éclatai de rire si fort, que je fis accourir une Sœur : c'était une de celles avec qui j'étais le mieux apprivoisée, et comme elle me dit : « Que signifient ces éclats de rire ? » je n'eus pas besoin de recevoir l'estrapade pour tout lui conter. Je lui montrai le paroissien et nous le feuilletâmes toutes deux avec tant de plaisir, une telle envie nous prit d'essayer les postures des images, que force nous fut de recourir au manche en verre... »

Cette posture ne figure point parmi les XVI *Modi* décrits dans les Sonnets et ne faisait par conséquent point partie de l'œuvre de Marc-Antoine. Par contre on la trouve dans des ouvrages modernes, dont les gravures ont été probablement inspirées par d'anciennes estampes. Brantôme nous parle aussi d'un paroissien de la même espèce, exécuté sous Henri III ; mais peut-être ne s'agit-il que d'un exemplaire unique, composé de miniatures, et non d'estampes :

« Du temps du roy Henri III, un gentilhomme que j'ay ouy nommer et connu, fit un jour présent à sa maîtresse d'un livre de peintures où il y avoit trente-deux dames, grandes et moyennes, de la Cour, peintes au naturel, couchées et se joüans avec leurs serviteurs peints de mesme et au naïf. Telles y avoit-il qui avoient deux ou trois serviteurs, telle plus, telle moins : et ces trente-deux dames représentaient plus de sept-vingts figures de celles de l'Arétin, toutes diverses. Les personnages estoient si bien représentez et au naturel, qu'il sembloit qu'ils parlassent et le fissent; les unes déshabillées et nues, les autres vestues avec mesmes robes, coëffures, paremens et habillements qu'elles portoient et qu'on les voyoit quelquefois. Les hommes tout de mesme. Bref, ce livre fut si curieusement peint et fait, qu'il n'y avoit rien que dire : aussi avoit-il cousté huit à neuf cents escus, et estoit tout enluminé. Cette dame le presta et monstra un jour à une autre sienne compagne et grande amie, laquelle estoit fort aimée et fort familière d'une grande dame qui estoit dans le livre, et des plus avant et au plus haut degré ; ainsi que bien luy appartenoit, luy en fit cas. Elle, qui estoit curieuse du tout, voulut voir avec une grande dame, sa cousine, qu'elle aymoit fort, laquelle l'avoit conviée au festin de cette veüe, et qui estoit aussi de la peinture comme d'autres. La visite en fut faite curieusement et avec grande peine, de feuillet à feuillet, sans en passer un à la légère : si bien qu'elles y consumèrent deux bonnes heures de l'après-disnée. Elles, au lieu de s'en estomaquer et de s'en fâcher, ce fut à elles à en rire, et de les admirer et de les fixement considérer, et se ravir tellement en leurs sens sensuels et lubriques, qu'elles s'entremirent à s'entre-baiser à la colombine, et à s'entre-embrasser et passer plus outre, car elles avoient entre elles deux accoutumé ce jeu très bien. Ces deux dames furent plus hardies et vaillantes et constantes qu'une qu'on m'a dit, qui, voyant un jour ce mesme livre avec deux autres de ses amyes, elle fut si ravie et entra en telle extase d'amour et d'ardent désir à l'imitation de ces lascives peintures, qu'elle ne peut voir qu'au quatriesme feuillet, et au cinquiesme elle tomba esvanoüie. Voilà un terrible esvanoüissement! »

La plus célèbre suite d'estampes, après celle de

Marc-Antoine, celle qui a pu le plus aisément passer pour être l'œuvre de l'illustre graveur et pour représenter les XVI *Modi* décrits par l'Aretino, est celle qu'Annibal Carrache dessina dans les dernières années du XVIe siècle, et qu'on croit avoir été gravée en Hollande. Elle se compose de seize pièces, y compris un Frontispice, toutes de la plus grande beauté et dont quelques-unes sans doute doivent être imitées de Marc-Antoine; mais le grand artiste ne pouvait pas s'astreindre à copier. Elle est aujourd'hui extrêmement rare et nous en empruntons la description à de Murr, qui l'a eue entre les mains :

« Elles sont du format in-folio oblong, ayant sept pouces de haut et onze pouces de long. Le baron Storch les possédait. Elles se sont trouvées aussi dans l'importante collection de livres et d'estampes du conseiller Feuerlin (Catalogue, tome II, n° 5510), ainsi qu'une copie manuscrite et un exemplaire imprimé des Sonnets de l'Arétin (n° 12277 et 11767).

» On trouve dans le commerce, en Hollande et en Angleterre, des copies au trait de douze de ces figures.

» Afin de mettre les curieux à même de ne pas être trompés par de prétendues reproductions qu'on leur offrirait de ces Estampes, je vais donner de ces seize feuilles une description rapide en ayant soin de ne pas offenser les oreilles pudiques :

» 1. Frontispice libre ; Satyres et Nymphes.

» 2. Un homme et une femme assis entre deux arbres ; joli paysage dans le goût antique. Au fond, à droite, le

Vésuve et une cascade. Derrière les deux amants, un Satyre les regarde en riant.

» 3. Un homme et une femme sur un lit de repos, dans un appartement orné avec luxe. La porte est ouverte ; une femme s'y montre, et elle contemple d'un air étonné le spectacle qui s'offre à ses regards. Derrière le lit, une table couverte d'un tapis ; une tasse et des flacons sont posés dessus.

» 4. Un homme et une femme couchés sur un lit à pavillon dont un jeune Satyre écarte les rideaux. Un petit Amour est derrière le Satyre.

» 5. Deux figures assises sur deux sièges. Dans un coin, un Faune nu jusqu'aux genoux. Il porte attachée à une partie de son corps une clochette, comme dans quelques bronzes trouvés à Herculanum. Au fond, un lit richement orné.

» 6. Deux figures dans un paysage ; un Satyre est debout près d'elles. Un Amour est assis aux pieds de l'homme.

» 7. Quatre figures.

» 8. Deux femmes et un homme.

» 9. Deux amants ; une femme debout près d'eux.

» 10. Deux personnes sur un lit de repos. Derrière l'homme un Amour. Une vieille femme les regarde, elle tient un chapelet.

» 11. Une femme debout auprès d'un lit somptueux ; un homme est assis dans une espèce de fauteuil. Un vase à parfums à gauche. Un miroir, des vases et des verres sont placés sur une table ronde. Une vieille femme est debout sur le seuil de la porte.

» 12. Un couple sur un sopha ; une femme et un petit garçon se tiennent à la porte de la chambre. Deux bas-reliefs sur une grosse colonne.

» 13. Un couple sur un grand lit. Un jeune Satyre sur l'oreiller. Une corbeille posée sur une table ronde contient des vases de vin.

» 14. Deux figures dans un paysage. Au fond, deux Satyres.

» 15. Trois figures dans une chambre.

» 16. Une femme assise; un homme à genoux sur un escabeau; derrière lui un Amour. A droite un vase posé sur une table. On aperçoit des maisons par l'ouverture des fenêtres. Sur la cheminée trois bustes : celui d'un Satyre entre deux femmes. »

On peut faire à propos de cette suite d'estampes une remarque : Annibal Carrache, admirable paysagiste, a souvent donné pour théâtre de leurs ébats à ses voluptueux personnages un coin de nature champêtre, un site pittoresque; Jules Romain les avait renfermés dans des chambres closes et somptueusement parées, comme on peut l'inférer des Sonnets et mieux encore d'une allusion discrète de l'Aretino dans une de ses comédies, le *Maréchal*, acte V, sc. II : il y parle de jeunes femmes dont la pudicité est suspecte, parce qu'on les a vues feuilleter ce livre « où sont peints les jolis oiseaux qui ont des nids de velours. » Pour le reste, le bibliographe Allemand s'est si bien appliqué à ménager les chastes oreilles, qu'à moins d'être un devin on soupçonnerait à peine à quoi sont occupés les personnages. La Monnoye peut ici nous être de quelque utilité, car ce fut très probablement cette suite d'Annibal Carrache qui tomba entre ses mains, qu'il prit pour l'œuvre de Marc-Antoine, et pour laquelle, sans tenir compte du Frontispice, il composa quinze distiques Latins, dans le but de remplacer les Sonnets de l'Aretino, qu'il n'avait pu se procurer. Le n° 10, où de Murr nous dit qu'est représentée une vieille tenant un chapelet, correspond très bien, ce nous semble, au distique IV, où l'on voit la servante « épancher ses prières ». La pudibonde retenue de la description et la concision forcée des distiques empêchent qu'on aperçoive bien clairement les autres concordances; cependant le n° 7 (Quatre figures) semble correspondre au distique VI; le n° 8 (Deux femmes et un homme) au distique XI; le n° 9 au distique VIII; le n° 11 au distique XIV; le n° 14 au distique IX; le n° 16 au distique VII. De Murr croit que cette suite est celle dont les cuivres furent détruits par le libraire Jollain, dans la première moitié du XVIIe siècle; nous n'en pouvons rien savoir. A cette époque, outre ce qu'on appelait les *Lascivie del Bonasone*, les *Métamorphoses* et les *Amours des Dieux* dont nous avons parlé plus haut, diverses autres suites d'estampes libres, indiquées par Malvasia, étaient en circulation, et l'on recherchait surtout vingt planches gravées par Pètre de Jode qui devaient reproduire expressément les fameuses postures de l'Arétin. En tête se lisait ce huitain, très propre à favoriser la supercherie :

> *Queste dell'Aretino son le posture,*
> *Qual per capriccio e per sua fantasia,*
> *Ad ogni donna egli voleva, pria*
> *Ch' altro far, vedergli le nature,*
> *E con le braccia poi, se gli paria,*
> *Ben strette le prendea per le cinture,*
> *E'l cotal gli metteva nelle potte,*
> *Per stamparvi de cazzi molte frotte* (1).

Ces vingt planches passent pour être celles qui, gravées à nouveau par Coiny et accompagnées d'un texte explicatif attribué à Croze-Magnan, se trouvent encore assez aisément dans le commerce sous le titre de *L'Arétin d'Augustin Carrache*, A la nouvelle Cythère (Paris, P. Didot), 1798, gr. in-4°; mais la chose paraît bien douteuse. Presque tous les sujets de ce prétendu *Arétin d'Augustin Carrache* sont tirés de la mythologie ou de l'histoire Romaine : *Faune réveillant Hercule couché près d'Omphale, Antoine et*

---

(1) Ces postures sont celles de l'Arétin,
   Qui par caprice et selon sa fantaisie,
   A toutes les femmes voulait, avant
   Que de rien faire, voir leurs natures ;
   Puis entre ses bras, si bon lui semblait,
   Bien étroitement vous les prenait par la ceinture
   Et leur mettait le machin dans le con
   Pour y estamper des vits en quantité.

Cléopâtre, Julie et un Athlète, etc ; les vers Italiens qui précédaient les gravures de Pètre de Jode n'auraient guère convenu à des estampes de ce genre. Celles qu'Elluin a gravées pour l'*Arétin Français* (1) répondent mieux à l'idée qu'on se fait d'un recueil de postures érotiques ; quelques unes, nous en avons noté deux (V. p. 40), semblent être des réminiscences de Marc-Antoine : c'est le seul point par lequel ces apocryphes peuvent se rattacher à l'histoire des *Sonnets luxurieux*.

Paris, Novembre 1882.

---

(1) *L'Arétin Français*, par un membre de l'Académie des Dames ; Londres, 1787 ; avec 19 jolies gravures en taille douce, d'Elluin. Elles sont accompagnées de huitains qui ont la prétention de traduire les *Sonnets* de l'Aretino ; mais l'auteur, Félix Nogaret, ne savait pas un traître mot d'Italien, ce qui a dû le gêner. A peine si le xve et le xvie ont quelque chose de commun avec les Sonnets.

LES
SEIZE SONNETS
LUXURIEUX

P. ARETINO

A MESSER BATTISTA ZATTI DA BRESCIA

E CITTADIN ROMANO

A *poi ch'io ottenni da Papa Clemente la libertà di Marcantonio Bolognese, il quale era in prigione per havere intagliato in rame i XVI Modi, etc., mi venne volontà di veder le figure, cagione che le querele Gibertine esclamavano che il buon vertuoso si crosifigesse; e vistele, fui tocco da lo spirito che mosse Giulio Romano a disegnarle. E perche i poeti e gli scultori, antichi e moderni, sogliono scrivere e scolpire alcuna volta per trastullo del ingegno cose lascive, come nel Palazzo Chisio fa fede il Satiro di marmo che tentava di violare un fanciullo, ci sciorinai sopra i Sonetti che ci si veggono a i piedi, la cui lussuriosa memoria vi intitolo con pace de gli Hipocriti, disperandomi del juditio ladro e de la consuetudine porca che proibisce a gli occhi quel che più gli diletta. Che male è il veder montare un huomo adosso a una donna? Adunque le bestie debbon essere più libere di noi? A me parebbe che il*

PIETRO ARETINO

A MESSER BATTISTA ZATTI, DE BRESCIA,

ET CITOYEN DE ROME.

PRÈS que j'eus obtenu du Pape Clément la liberté de Marc-Antoine de Bologne, jeté en prison pour avoir gravé sur cuivre les XVI Postures, etc., il me prit fantaisie de voir ces figures, prétexte aux dénonciations Gibertines de brailler qu'il fallait crucifier l'excellent artiste, et, les ayant vues, je fus provoqué du même esprit qui avait poussé Jules Romain à les dessiner. De même que les poètes et les statuaires, anciens et modernes, se sont amusés parfois à écrire et à sculpter des choses lascives, pour se distraire, ainsi qu'en témoigne, dans le palais Chigi, ce Satyre de marbre qui essaye de violer un jeune garçon, je composai sur ces Postures les Sonnets de luxurieuse mémoire qui se voient au bas et que je vous dédie, à la barbe des Hypocrites, en me désespérant de la misérable opinion et de la chienne de coutume qui prohibent aux yeux ce qui les délecte le plus. Quel mal y a-t-il à voir un homme grimper sur une femme ? Les bêtes doivent-elles donc être plus libres que nous ? Il me semble, à moi, que l'instrument à nous

cotale dato ci da la Natura per conservation di se stessa si dovesse portare al collo come pendente e ne la beretta per medaglia, peroche egli è la vena che scaturisce i fiumi de le genti e l'ambrogia che beve il mondo ne i dì solenne. Egli ha fatto voi, che sete de i primi chirugici che vivano, ha creato me, che son meglio che il pane, ha prodotti i Bembi, i Molzi, i Fortunij, i Franchi, i Varchi, gli Ugolin Martelli, i Lorenzi Lenzi, i Dolci, i Fra Bastiani, i Sansovini, i Titiani, i Michelagnoli, e dopo loro, i Papi, gli Imperadori e i Re, ha generati i bei putti, le bellissime Donne, con Santo Santorum : onde gli doverebbe ordinare Ferie e sacrar Vigilie e Feste, e non rinchiuderlo in un poco di panno o di seta. Le mani starien bene ascose, perche quelle giuocano i danari, giurano il falso, prestano a usura, ti fan le fica, stracciano, tirano, dan de le pugna, feriscono e ammazzano. Che vi par de la bocca, che bestemia, sputa nel viso, divora, imbriaca e rece? In somma, i Legisti si potrebben fare honore ne l'aggiugnere una chiosa per suo conto a i libracci loro, e credo che lo faranno. Intanto, considerate se io ho ritratto al naturale co i versi l'atitudine de i giostranti, e scrivendo al nostro Frosino, salutatelo a mio nome.

Di Vinegia, il XI di Decembre MDXXXVII.

donné par la Nature pour sa propre conservation devrait se porter au col en guise de pendant et à la toque en guise de médaillon, puisque c'est la veine d'où jaillissent les fleuves des générations et l'ambroisie que boit le monde, aux jours solennels. Il vous a fait, vous qui êtes des premiers chirurgiens vivants ; il m'a créé, moi qui suis meilleur que le pain ; il a produit les Bembo, les Molza, les Fortunio, les Franco, les Varchi, les Ugolino Martelli, les Lorenzo Lenzi, les Dolce, les Fra Sebastiano, les Sansovino, les Titien, les Michel-Ange et, après eux, les Papes, les Empereurs, les Rois ; il a engendré les beaux enfants et les très belles dames, *cum Santo Santorum* : on devrait donc lui prescrire des jours fériés, lui consacrer des Vigiles et des Fêtes, et non le renfermer dans un morceau de drap ou de soie. Les mains seraient bien mieux cachées, elles qui jouent de l'argent, jurent à faux, prêtent à usure, vous font la figue, déchirent, empoignent, flanquent des coups de poing, blessent et tuent. Que vous semble-t-il de la bouche, qui blasphème, crache à la figure, dévore, enivre et vomit ? Bref les Légistes se feraient honneur s'ils ajoutaient pour lui une glose à leurs grimoires, et je crois qu'ils y viendront. En attendant, voyez si j'ai retracé au naturel dans mes vers les attitudes des jouteurs, et si vous écrivez à notre Frosino, saluez-le en mon nom.

De Venise, le 11 de Décembre 1537.

SONETTO I

« Fottiamci, anima mia, fottiamci presto,
» Poiche tutti per fotter nati siamo;
» E se tu'l cazzo adori, io la potta amo,
» E saria 'l mondo un cazzo senza questo.

» E se post mortem *fotter fosse honesto*,
» Direi : Tanto fottiam, che ci moiamo ;
» E di là fotterem Eva e Adamo,
» Che trovarno il morir si disonesto.

» — Veramente egli è ver, che se i furfanti
» Non mangiavan quel frutto traditore,
» Io so che si sfoiavano gli amanti.

» Ma lasciam'ir le ciancie, e sino al core
» Ficcami il cazzo, e fà che mi si schianti
» L'anima, ch'in sul cazzo hor nasce hor muore ;

» E se possibil fore,
» Non mi tener della potta anche i coglioni,
» D'ogni piacer fortuni testimoni. »

SONNET I

« Foutons-nous, mon âme, foutons-nous dare-dare,
» Puisque pour foutre nous sommes tous nés ;
» Si tu adores le vit, moi j'aime le con,
» Le monde serait un rien qui vaille sans cela.

» Et si *post mortem* il était permis de foutre,
» Je te dirais : Foutons jusques à en mourir ;
» Après, nous irons foutre Adam et Ève,
» Qui furent cause de cette malencontreuse mort.

» — Vraiment, c'est vrai ; car si les scélérats
» N'avaient mangé la traîtresse de pomme,
» Je sais bien que les amants ne cesseraient de jouir.

» Mais laissons aller les bêtises ; et jusques au cœur
» Plante-moi ton vit ; fais que de moi jaillisse
» L'âme que le vit fait tantôt naître et tantôt mourir ;

    » Et, si c'était possible,
» Ne me laisse pas hors de la motte les couillons,
» Heureux témoins de tout plaisir. »

SONETTO II

« Mettimi *un dito in cul, caro vecchione,*
» *E spinge il cazzo dentro a poco a poco;*
» *Alza ben questa gamba e fà buon giuoco,*
» *Poi mena senza far reputatione.*

» *Che, per mia fè! quest'è il miglior boccone*
» *Che mangiar il pan unto appresso al fuoco;*
» *E s'in potta ti spiace, muta luoco,*
» *Ch'uomo non è chi non è buggiarone.*

» *— In potta io v'el farò per questa fiata,*
» *In cul quest' altra, e 'n potta e 'n culo il cazzo*
» *Mi farà lieto, e voi farà beata.*

» *E chi vuol esser gran maestro è pazzo,*
» *Ch' è proprio un uccel perde giornata,*
» *Chi d'altro che di fotter ha solazzo.*

» *E creppi in un palazzo,*
» *Ser cortigiano, e spetti ch' il tal muoja:*
» *Ch'io per me spero sol trarmi la foja.* »

SONNET II

« Fourre-moi un doigt dans le cul, mon vieux chéri,
» Et petit à petit pousse-moi ta pine.
» Lève bien cette jambe et fais bon jeu,
» Puis lime, sans faire de compte.

» Sur ma foi ! c'est un meilleur régal
» Que de manger du pain beurré auprès du feu !
» Et si tu t'ennuies dans le con, change de domicile :
» Qui n'est pas enculeur, n'est pas un homme.

» — En con je vous le ferai, pour cette fois,
» Et la prochaine en cul ; en con et en cul, mon vit
» Me rendra content, et vous rendra joyeuse.

» Qui veut passer pour grand maître est un fou ;
» C'est proprement un benêt perd-la-journée,
» Celui qui prend plaisir à rien autre qu'à foutre.

» Crève dans un palais,
» Messire courtisan, et attends qu'un tel meure ;
» Je ne demande, moi, qu'à me passer ma rage. »

SONETTO III

« Questo cazzo vogl'io, non un tesoro !
» Questo è colui, che mi può far felice !
» Questo è proprio un cazzo da Imperatrice !
» Questa gemma val più ch'un pozzo d' oro !

» Ohimè, mio cazzo, ajutami, ch' io moro,
» E trova ben la foia in matrice:
» In fin, un cazzo picciol si disdice,
» Se in potta osservar vole il decoro.

» — Padrona mia, voi dite ben il vero ;
» Che chi ha piccol il cazzo e'n potta fotte,
» Meriteria d'acqua fredda un cristero.

» Chi n'ha poco, in cul fotti dì e notte :
» Ma chi l'ha come ch'io spietato e fiero,
» Sbizzarischisi sempre colle potte.

» — Gli'è ver, ma noi siam ghiotte
» Del cazzo tanto, e tanto ci par lieto,
» Che terremmo la guglia tutta drieto. »

SONNET III

« Je veux ce vit, et non un trésor !
» C'est celui-là qui peut me rendre heureuse !
» Oui, c'est vraiment un vit d'Impératrice !
» Ce joyau vaut plus qu'un puits d'or.

» Holà ! mon vit, à l'aide, je me meurs !
» Et réveille bien le désir dans la matrice :
» En somme, un tout petit vit démérite
» S'il veut dans le con garder quelque décorum.

» — Ma chère maîtresse, vous dites bien vrai.
» Qui n'en a qu'un tout petit et fout en con,
» Mériterait d'avoir d'eau fraîche un clystère.

» Qui en a peu, qu'il foute en cul jour et nuit :
» Mais qui en a, comme moi, un impitoyable, un féroce,
» Que toujours il prenne ses ébats dans les cons.

» — C'est vrai, mais nous sommes si goulues
» Du vit, et cela nous semble si bon, si bon,
» Que nous recevrions dans le cul tout l'obélisque. »

SONETTO IV

« Posami questa gamba in su la spalla,
» E levami dal cazzo anco la mano,
» E quando vuoi ch'io spinga forte o piano,
» Piano o forte col cul sul letto balla.

» E s'in cul dalla potta il cazzo falla,
» Di ch'io sia un forfante e un villano,
» Perch'io conosco dalla vulva l'ano,
» Come un caval conosce una cavalla.

» — La man dal cazzo no levarò io,
» Non io, che non vo far questa pazzia,
» E se non vuoi cosi, vati con Dio.

» Ch'el piacer dietro tutto tuo saria,
» Ma dinanzi il piacer è tuo e mio,
» Siche, fotti a buon modo, o vanne via.

» — Io non me n'anderia,
» Signora cara, da cosi dolce ciancia,
» S'io ben credessi campar il Rè di Francia. »

SONNET IV

« Pose-moi cette jambe par-dessus mon épaule
» Et puis ôte ta main de dessus mon vit ;
» Et quand tu voudras que je pousse fort ou doux,
» Doucement ou fort donne du cul sur le lit.

» Et si du con au cul mon vit se trompe,
» Dis que je suis un brigand et un rustre,
» Car je sais reconnaître la vulve de l'anus,
» Comme l'étalon reconnaît la jument.

» — Je ne veux pas ôter la main du vit, moi ;
» Non, je ne ferai jamais cette bêtise,
» Et si tu ne veux pas comme cela, va-t-en avec Dieu.

» Par derrière, tout le plaisir serait pour toi,
» Mais par devant au tien s'accouplera le mien ;
» Ainsi donc, fous de bonne façon, ou va te promener.

» — Je n'abandonnerais point,
» Chère signora, si doux amusement,
» Quand même je croirais délivrer le Roi de France. »

SONETTO V

« PERCH' IO *prov'or un sì solenne cazzo,*
» *Che mi rovescia l'orlo della potta,*
» *Io vorrei esser tutta quanta potta,*
» *Ma vorrei che tu fossi tutto cazzo.*

» *Perche s' io fossi potta, e tu cazzo,*
» *Isfameria per un tratto la potta,*
» *E tu haveresti anche dalla potta*
» *Tutto il piacer che può haver un cazzo.*

» *Ma non potendo esser tutta potta,*
» *Ne tu diventar tutto di cazzo,*
» *Piglia il buon voler da questa potta.*

» *— E voi, pigliate del mio poco cazzo*
» *La buona volontà : in giù la potta*
» *Ficcate, e io in sù ficcherò il cazzo ;*

   » *E dipoi su il mio cazzo*
» *Lasciatevi andar tutta con la potta :*
» *E sarò cazzo, e voi sarete potta.* »

SONNET V

» Puisque à cette heure je tâte d'un si solennel vit,
» Qui me retourne l'ourlet du con,
» Je voudrais me transformer toute en con,
» Mais je voudrais que tu fusses tout vit.

» Si j'étais toute con, et toi tout vit,
» Je me rassasierais d'un seul trait le con,
» Et toi, tu tirerais encore de mon con
» Tout le plaisir qu'en peut tirer un vit.

» Mais ne pouvant être toute con,
» Ni toi devenir en tout vit,
» Accepte le bon vouloir de mon con.

» — Et vous, prenez du peu que j'ai de vit
» La bonne volonté ; soulevez le con
» En haut, et moi d'en bas j'enfoncerai le vit ;

   » Puis, sur mon vit
» Laissez-vous aller de tout votre con :
» Ainsi je serai tout vit et vous serez toute con. »

SONETTO VI

« Tu m'hai il cazzo in la potta, e il cul mi vedi,
» E io veggio il tuo cul com'egli è fatto,
» Ma tu potresti dir ch' io sono un matto,
» Perch'io tengo le mani ove stanno i piedi.

» — Ma s'a cotesto modo fotter credi,
» Se' una bestia, e non ti verrà fatto;
» Perch' assai meglio nel fottere m' adatto,
» Quando col petto sul mio petto siedi.

» — Io vi vo fotter per lettera, Comare,
» E voglio farvi al cul tante mamine
» Co le dita, col cazzo, e col menare,

» Che sentirete un piacer senza fine.
» E so ben ch'è più dolce ch'il grattare
» Da Dee, da Duchesse, e da Regine;

  » E mi direte al fine
» Ch'io sono un valent' huomo in tal mestiero...
» Ma d'haver poco cazzo mi dispero. »

SONNET VI

« Tu as mon vit dans ton con, tu me vois le cul,
» Et moi je vois ton cul comme il est fait ;
» Mais tu pourrais dire que je suis un fou,
» Parce que j'ai les mains où l'on met les pieds.

» — Oui, mais si tu crois foutre de cette façon,
» Tu es une bête, et cela ne te réussira point,
» Car à la besogne bien mieux je me prête,
» Quand tu te places la poitrine sur ma poitrine.

» — J'entends vous foutre en toutes lettres, Commère,
» Et vous faire dans le cul tant de mamours,
» Des doigts, du vit, et à coups de reins,

» Que vous éprouverez un plaisir sans fin.
» Je sais que c'est plus doux que de se faire gratter,
» Fût-ce par des Déesses, des Princesses, des Reines ;

» Et vous me direz au bout
» Qu'à ce métier je suis un vaillant homme...
» Mais d'en avoir un tout petit je me désespère. »

SONETTO VII

« Ove 'l mettrete voi? ditel' di gratia,
» Dietro o dinanzi? io l' vorrei sapere,
» Perche farovi forse dispiacere
» Se ne'l cul me lo caccio per disgratia.

» — Madonna no, perche la potta satia
» Il cazzo si che v'ha poco piacere,
» Ma quel che faccio, il fo per non parere
» Un Frate Mariano, verbi gratia.

» Ma poi ch'il cazzo in cul tutto volete
» Come vogliono savi, io son contento
» Che voi fate del mio cio che volete.

» E pigliatel' con man, mettetel' dentro :
» Che tanto utile al corpo sentirete,
» Quanto che gli ammalati l' argomento.

 » Et io tal gaudio sento
» A sentire il mio cazzo in mano a voi,
» Ch'io moriro, se ci fottiam, fra noi. »

SONNET VII

« Où le mettrez-vous ? dites-le moi, de grâce ;
» Par derrière ou par devant ? Je voudrais le savoir,
» Parce que peut-être vous ferai-je déplaisir
» Si dans le cul, par disgrâce, je me le fourre.

» — Madonna, non ; vrai, le con rassasie
» Le vit, si bien qu'il y trouve peu de plaisir ;
» Et ce que j'en fais, c'est pour ne point paraître
» Un Fra Mariano, *verbi gratia*.

» Mais puisque vous voulez tout le vit dans le cul,
» A la mode des gens experts, je suis content
» Que vous fassiez du mien ce que vous désirez.

» Prenez-le dans la main, fourrez-le vous dedans :
» Vous le trouverez d'autant de profit pour le corps
» Que l'est aux malades un bon clystère ;

» Et je prends tant de plaisir
» A me sentir mon vit dans votre main,
» Qu'entre nous, si nous foutions, j'en mourrais. »

SONETTO VIII

» E' *saria pur una coglioneria,*
» *Sendo in voglia mia fottervi adesso,*
» *Havervi il cazzo nella potta messo,*
» *Del cul non mi facendo carestia.*

» *Finisca in me la mia genealogia!*
» *Ch'io vo fottervi dietro, spesso, spesso,*
» *Poiche gli è più differente il tondo dal fesso*
» *Che l'acquata dalla malvasia.*

» — *Fottimi e fa di me cio che tu vuoi,*
» *In potta, in cul, ch'io me ne curo poco,*
» *Dove che tu ci facci i fatti tuoi.*

» *Ch'io, per me, nella potta, in culo ho il fuoco,*
» *E quanti cazzi han muli, asini e buoi*
» *Non scemeriano alla mia foia in poco.*

　» *Poi saresti in dapoco*
» *A farmelo all' antica fra le cosse,*
» *Ch' anch' io dietro il faria, se un huomo fosse.* »

SONNET VIII

« Ce serait vraiment une coïonnerie,
» Ma fantaisie étant de vous foutre sur l'heure,
» Que de vous avoir mis le vit dans le con,
» Puisque du cul pour moi vous n'êtes chiche.

» Finisse avec moi ma généalogie !
» Je veux vous foutre par derrière, dru et serré :
» Car le rond est plus différent de la fente
» Que la tisane du malvoisie.

» — Fous-moi et fais de moi ce que tu veux ;
» En con, en cul, je m'en inquiète peu,
» Pourvu que tu fasses ton affaire.

» Pour moi, dans le con, dans le cul j'ai le feu,
» Et tous les vits que possèdent mulets, ânes et bœufs
» N'éteindraient pas de mon ardeur si peu que rien.

  » Puis tu serais un bélitre
» De me le faire à l'antique, entre les cuisses :
» Moi aussi je le ferais par derrière, si j'étais homme. »

SONETTO IX

« Questo è pur un bel cazzo lungo e grosso.
» Deh! se l'hai caro, lasciamelo vedere.
» — Vogliam provare se potete tenere
» Questo cazzo in la potta, e me adosso.

» — Come, s'io vo provar? come, s'io posso?
» Piuttosto questo che mangiare o bere!
» — Ma s'io v'infrango poi, stando a giacere,
» Farovi mal. — Tu hai 'l pensier del Rosso.

» Gettati pure in letto e nello spazzo
» Sopra di me, che se Marforio fosse,
» O un gigante, io n' haverò solazzo,

» Purche mi tocchi le midolla e l'osse
» Con questo tuo divinissimo cazzo,
» Che guarisce le potte della tosse.

  » — Aprite ben le coscie...
» Che potrian delle donne esser vedute
» Di voi meglio vestite, ma non fottute. »

SONNET IX

» Voila, certes, un beau vit, long et gros.
» Si tu le veux bien, laisse-moi le voir.
» — Je voudrais essayer si vous pourrez recevoir
» Ce vit dans votre con, et moi par-dessus.

» —Comment, si je veux essayer? comment, si je puis?
» Plutôt cela que de manger ou boire!
» — Mais si je vous écrase en m'allongeant sur vous,
» Je vous ferai mal. — Tu as là une idée du Rosso.

» Jette-toi donc sur la couchette et sur le plancher,
» Tout de ton long sur moi ; quand tu serais Marforio
» Ou un géant, j'en aurai plaisir,

» Pourvu que tu me chatouilles les moëlles et les os
» Avec ce tien divinissime vit,
» Qui guérit les cons de la toux.

  » — Écartez bien les cuisses...
» Certes, on pourrait voir des femmes
» Mieux vêtues que vous, mais non mieux foutues. »

SONETTO X

« Io l' voglio in cul. — Tu mi perdonerai,
» O Donna, non voglio far questo peccato,
» Perche questo è un cibo da Prelato,
» C'ha perduto il gusto sempre mai.

» — Deh ! mettel' qui ! — Non farò. — Si, farai.
» — Perche ? non s'usa più da l'altro lato,
» Id est in potta ? — Si, ma egli è più grato
» Il cazzo dietro che dinanzi assai.

» — Da voi io vo lasciarmi consigliare ;
» Il cazzo è suo, e se'l se vi piace tanto,
» Com'a cazzo gli havete a comandare.

» — Io l'accetto, ben mio ; spingel' da canto
» Più sù, più giù, e va senza sputare.
» O cazzo buon compagno ! o cazzo santò !

  » — Toglietel tutto quanto.
» — Io l'ho tolto entro più che volentiere,
» Ma ci vorrei stare un anno a sedere ! »

SONNET X

« Je le veux dans le cul. — Pardonnez-moi,
» Madonna, point ne veux commettre ce péché :
» C'est un mets de prélat
» Qui a perdu le goût à tout jamais.

» — Eh ! mets-le ! — Je n'en ferai rien. — Tu le
  » feras.
» — Pourquoi ? Ne le fait-on plus de l'autre côté,
» *Id est* en con ? — Si, mais aujourd'hui plaît mieux
» Le vit par derrière que par devant, de beaucoup.

» — Par vous je veux me laisser conseiller :
» Ce vit est à vous, et, s'il vous plaît si fort,
» Comme à un vit, c'est à vous de lui ordonner.

» — Je l'accepte, mon amour ; pousse ferme,
» Plus avant, plus à fond, et vas-y sans cracher.
» Oh ! bon compaing de vit ! saint homme de vit !

    » — Prenez-en tant qu'il y en a.
» — Je me le suis fourré plus que volontiers ;
» Mais je voudrais rester ainsi assise tout un an. »

SONETTO XI

« Apri *le coscie, acciò ch'io vegga bene*
» *Il tuo bel culo e la tua potta in viso;*
» *Culo da far mutar un cazzo d'aviso!*
» *Potta che i cuori stilli per le vene!*

» *Mentre ch'io vi vaggheggio, egli mi viene*
» *Capricio di basciarvi a l' improviso,*
» *E mi par esser piu bel che Narciso*
» *Nel specchio ch'il mio cazzo allegro tiene.*

» *— Ai ribalda, ai ribaldo, in terra e in letto!*
» *Io ti veggio, puttana! e t'apparecchia,*
» *Ch'io ti rompa doi costole del petto.*

» *— Io te n'incaco, franciosata vecchia,*
» *Che per questo piacere arciperfetto*
» *Intrarei in un pozzo senza secchia.*

» *E non si trova pecchia*
» *Ghiotta dei fiori, com' io d'un nobil cazzo,*
» *E no l' provo ancho, e per mirarlo sguazzo.* »

SONNET XI

« Ouvre les cuisses, afin que je voie
» Ton cul charmant et ton con bien de face.
» O cul à faire changer un vit de méthode !
» O con qui distille les cœurs par les veines !

» Pendant que je vous caresse, voici qu'il me vient
» Un caprice de vous baiser à l'improviste,
» Et je me parais beaucoup plus beau que Narcisse
» Dans le miroir qui s'offre à mon vit, tout guilleret.

» —Ah ! ribaude, ah ! ribaud, sur terre et au lit !
» Je t'aperçois, putain ! attends, attends,
» Que j'aille te casser deux côtes dans la poitrine.

» — Je t'emmerde, vieille vérolée,
» Car pour ce plaisir archi-parfait
» Je me jetterais sans seau dans un puits.

» Et il n'est pas d'abeille
» Gourmande de fleurs, autant que moi d'un noble vit.
» Je n'en tâte pas encore, et rien qu'à le voir je me
» mouille. »

SONETTO XII

« M<small>ARTE</small>, *maladetissimo poltrone!*
» *Così sotto una donna non si reca,*
» *E non si fotte Venere alla cieca,*
» *Con assai furia e poca discretione.*

» — *Io non son Marte, io sono Hercol Rangone,*
» *E fotto voi, che sete Angela Greca;*
» *E se ci fosse qui la mia ribeca,*
» *Vi sonerei fottendo una canzone.*

» *E voi, Signora, mia dolce consorte,*
» *Sù la potta ballar faresti il cazzo,*
» *Menando il culo in sù, spingendo forte.*

» — *Signor sì, che con voi fottendo, sguazzo,*
» *Ma temo Amor che non mi dia la morte,*
» *Colle vostr'armi, essendo putto e pazzo.*

» — *Cupido è mio ragazzo*
» *E vostro figlio, e guarda l'arme mia*
» *Per sacrarle alla dea Poltroneria.* »

SONNET XII

« Mars, ô deux fois maudit fainéant !
» Ne se place pas ainsi sous une femme ;
» Vénus ne se fout pas à l'aveuglette
» Avec tant de rage et si peu de discrétion.

» — Je ne suis pas Mars : je suis Ercole Rangone,
» Et je vous baise, vous qui êtes Angela Greca ;
» Et, si j'avais là mon rebec,
» Je vous sonnerais, en foutant, une canzone.

» Quant à vous, Signora, ma douce épousée,
» Vous ferez sur le con se trémousser le vit
» En levant haut le cul et en poussant fort.

» — Oui, Signor, car en baisant avec vous je jouis,
» Mais je crains que l'Amour ne me donne la mort
» Avec vos armes, étant un enfant et un fou.

» — Cupidon est mon petit laquais
» Et il est votre fils ; il garde mes armes,
» Pour les consacrer à la déesse Fainéantise. »

SONETTO XIII

« Dammi la lingua, appunta i piedi al muro;
» Stringi le coscie, e tienmi stretto, stretto;
» Lasciat' ire a riverso in su 'l letto,
» Che d'altro che di fotter non mi curo.

» — Ai! traditore! quant' hai il cazzon duro!
» — O! come? su la potta ci confetto!
» — Un dì, tormelo in culo ti prometto,
» E di farlo uscir netto t'assicuro.

» — Io vi ringratio, cara Lorenzina,
» Mi sforzerò servirvi; ma spingete,
» Spingete come fà la Ciabattina.

» Io farò adesso, e voi quando farete?
» — Adesso! dammi tutta la linguina.
» Ch'io muojo. — Et io, e voi cagion ne sete;

   » Adunque voi compirete?
» — Adesso, adesso faccio, Signor mio;
» Adesso ho fatto. — Et io; oimé! o Dio! »

SONNET XIII

« Donne-moi la langue, appuie les pieds au mur,
» Serre les cuisses et tiens-moi ferme, ferme.
» Laisse-toi aller à la renverse sur le lit,
» Car de rien autre que de foutre je n'ai cure.

» — Holà ! traître, comme tu as le vit dur !
» — Oh ! comment ? au bord du con je me mor-
  » fonds !
» — De te le prendre un jour en cul je te promets,
» Et t'affirme le faire sortir propre.

» — Je vous remercie, chère Lorenzina,
» Je m'efforçerai de vous servir ; allons, poussez,
» Poussez ferme, comme fait la Ciabattina.

» J'achèverai à l'instant ; et vous, quand le ferez-vous ?
» — Tout de suite ! donne-moi toute la langue ;
» Je meurs ! — Moi aussi, et vous en êtes cause ;

» Enfin, achèverez-vous ?
» — Oui ! oui ! j'achève, mon Seigneur ;
» A l'instant j'achève. — Et moi aussi, oh ! Dieu ! »

SONETTO XIV

« Non *tirar, fottutello di Cupido,*
» *La cariola; fermati, bismulo;*
» *Ch'io vo fotter in potta e non in culo*
» *Costei, che mi togl' il cazzo, e me ne rido.*

» *E nelle braccia le gambe mi fido,*
» *E si disconcio sto (e non t'adulo,)*
» *Che si morrebbe a starci un' hora un mulo,*
» *E pero tanto col cul soffio e grido.*

» *E se voi, Beatrice, stentar faccio,*
» *Perdonar mi dovete, perch'io mostro*
» *Che fottendo a disaggio, mi disfaccio.*

» *E se non ch'io mi specchio nel cul vostro,*
» *Stando sospeso in l'uno e l'altro braccio,*
» *Mai non si finirebbe il fatto nostro.*

» *O cul di latte e d'ostro!*
» *Se non ch'io son per mirarti di vena,*
» *Non mi starebbe il cazzo ritto appena.* »

SONNET XIV

« Petit drôle de Cupidon, ne tire pas
» La brouette; arrête, double bâtard!
» Je veux foutre en con, et non en cul,
» Cette belle qui me tient le vit, mais je m'en moque.

» Je me fie à mes bras du poids des jambes,
» Si mal commodément posé (et je ne t'adore pas),
» Qu'un mulet en crèverait, à y rester une heure;
» Et pourtant je ne souffle et ne grogne que du cul.

» Pour vous, Béatrice, si je vous fais peiner,
» Me devez pardonner, car je montre
» En foutant si mal à l'aise, que je me consume.

» N'était que je me mire en votre cul,
» Le tenant suspendu sur l'un et l'autre bras,
» Jamais n'aurait de terme notre besogne.

» O cul de lait et de pourpre!
» N'était que je puis te contempler bien de face,
» A peine mon vit se tiendrait-il droit. »

SONETTO XV

« Il putto poppa, e poppa anche la potta;
» A un tempo, date il latte e ricevete,
» E tre contenti in un letto vedete :
» Ogn'uno il suo piacer piglia a un otta.

» Haveste fottitura mai si ghiotta,
» Fra le migliaie che havute ne havete ?
» In questo fotter piu festa prendete,
» Ch'un villan quando ei mangia la ricotta.

» — Veramente egli è dolce a cotal modo,
» Il fotter reverendo, il fotter divo;
» E come io fossi uno Badessa godo ;

» E si mi tocca a la gran foia il vivo
» Questo strenuo tuo bel cazzo sodo,
» Ch'io sento un piacer superlativo.

» E tu, cazzo corrivo,
» In le gran frette in la potta ti caccia,
» E staci un mese, che l'buon prò ti faccia ! »

SONNET XV

« Le poupon tette, et le con tette aussi ;
» En même temps vous donnez du lait et en recevez,
» Et vous voyez en un lit trois heureux :
» Chacun prend son plaisir du même coup.

» Avez-vous jamais eu si friande fouterie
» Parmi les milliers que vous avez eues ?
» A cette façon de foutre vous prenez plus de goût,
» Qu'un rustre quand il mange du fromage.

» — Vraiment, elle est fort douce de cette façon,
» La révérende fouterie, la fouterie divine,
» Et comme si j'étais une Abbesse je jouis.

» Il me chatouille si bien au vif la matrice en feu,
» Ce tien vaillant, superbe et solide vit,
» Que je ressens un plaisir superlatif.

   » Et toi, bonhomme de vit,
» En grande hâte enfonce-toi dans le con,
» Restes-y un mois, et grand bien te fasse ! »

SONETTO XVI

« Sta cheto, bambin mio ; ninna, ninna !
» Spinge, maestro Andrea, spinge, ch'ei c'è.
» Dammi tutta la lingua, ai ! ohimè !
» Che l'tuo gran cazzo all'anima mi va.

» — Signora, adesso, adesso v'intrera ;
» Cullate bene il fanciullin col pie,
» E farete servigi a tutti tre :
» Perche noi compiremo, ei dormira.

» — Io son contenta ; io cullo, io meno, io fo ;
» Culla, mena e travagliati anchor tu.
» — Mammina, a vostra posta compirò.

» — Non far ! fermati, aspetta un poco piu,
» Che tal dolcezza in questo fotter ho,
» Ch'io non vorrei ch'ei finisse mai piu.

» — Madonna mia, hor su,
» Fate, di gratia ! — Hor, da che voi cosi,
» Io faccio ; e tu, farai ? — Signora, si. »

SONNET XVI

» Ne crie pas, mon poupon ; dodo, dodo !
» Pousse, maître Andrea, pousse, ça y est.
» Donne-moi toute la langue ; aie ! aie ! holà !
» Ton grand vit me va jusqu'à l'âme.

» — Signora, tout de suite, tout de suite il entrera ;
» Bercez bien du pied le petit bambin,
» Et vous nous rendrez service à tous trois :
» Nous achèverons, et il dormira.

» — Je suis contente, je berce, je joue du cul, je fous;
» Berce, joue du cul, fatigue-toi aussi, toi.
» — Petite mère, à votre volonté j'achèverai.

» — Non pas ! arrête, attends encore un peu ;
» J'ai tant de plaisir à foutre de la sorte,
» Que je ne voudrais pas en finir jamais.

» — Chère Madonna, allons,
» Faites, de grâce ! — Eh bien, puisque tu le veux,
» J'achève ; et toi, achèves-tu ? — Oui, Signora. »

SUJETS PROBABLES
DES FIGURES DE JULES ROMAIN GRAVÉES PAR MARC-ANTOINE

Planche I. Un couple couché se livrant tout naturellement aux plaisirs de l'amour.

Planche II. Un couple debout ; la femme, l'une de ses jambes repliée sur la hanche de l'homme ; l'homme, les mains sur les fesses de la femme.

Planche III. Même sujet que la pl. I, différencié sans doute par quelques détails accessoires.

Planche IV. Un couple au lit ; la femme couchée sur le dos, l'une de ses jambes placées sur l'épaule de l'homme. Elle dirige elle-même l'arme virile, de crainte d'erreur.

Planche V. Deux amants sur un lit, étroitement enlacés, visage contre visage ; l'homme est dessous.

Planche VI. Posture singulière et impossible : un couple couché s'entreprend à rebours, l'homme ayant la tête aux pieds de la femme et les pieds sur l'oreiller.

Planche vii. Une femme debout, la tête appuyée au bois de lit ou sur un meuble, présente ses reins à l'homme ; elle tient à la main le *cazzo* et se le plante elle-même entre les fesses.

Planche viii. Un couple couché, la femme dessous, tournant le dos à l'homme qui l'entreprend néanmoins *recta via*.

Planche ix. Une femme nue couchée à la renverse par terre sur des coussins, les cuisses écartées ; l'homme s'allonge sur elle, les pieds sur le plancher.

Planche x. Un homme couché sur un lit ; la femme lui tourne le dos, assise ou plutôt accroupie sur lui.

Planche xi. Une femme couchée sur un lit, les genoux relevés ; un homme près d'elle, en face, la regarde et s'apprête à l'assaillir. Une vieille entr'ouvre la porte et menace du geste le couple.

Planche xii. Un homme et une femme couchés ; l'homme dessous. Un Amour tient à la main le casque et l'épée de l'homme.

Planche xiii. Une femme couchée à la renverse au bord d'un lit, dans l'alcôve ; elle appuie ses pieds au mur ; l'homme étendu sur elle.

PLANCHE XIV. Une femme, le corps projeté en avant, la tête en bas, l'une de ses mains posée sur une roue que tire un Amour, l'autre dirigeant l'arme virile; elle tourne le dos à l'homme qui, debout, l'entreprend en lui soulevant les jambes. Ce groupe formait une *cariola*, ou brouette, dont les brancards, c'est-à-dire les jambes de la femme, se trouvaient sous les bras de l'homme.

PLANCHE XV. Mari et femme couchés sur un lit ; En même temps que l'homme lui fait l'amour, la femme donne le sein à son enfant.

PLANCHE XVI. Mari et femme couchés ; la femme, pendant que l'homme besogne, balance du pied le berceau où dort son enfant. — Ces deux planches ont été reproduites, avec quelques modifications, dans l'*Arétin Français*.

SONNETS AJOUTÉS

AUX PRÉCÉDENTS

PAR LES PLUS ANCIENS ÉDITEURS

PROEMIO

Questo è un libro d'altro che di Sonetti,
Di Capitoli, Epitafi, Egloghe o Canzone;
Qui il Sannazaro o il Bembo non compone
Ne liquidi cristalli, ne fioretti.

Qui il Bernia non ha madrigaletti,
Ma vi son cazzi senza discretione;
Ecci la potta, e'l cul che gli ripone,
Come fanno le scatole a' confetti.

E qui son gente fottute sfottute,
E di cazzi e di potte notomie,
E ne i culi molte anime perdute.

E ognun si fotte in le piu leggiadre vie,
C'ha Ponte-Sisto non sarian credute,
Infra le puttanesche gerarchie;

   Et in fin le son pazzie
A farsi schifo di si buon bocconi,
E chi non fotte ognun, Dio gli perdoni!

PROÈME

Ceci est un livre d'autres choses que Sonnets,
Capitoli, Épitaphes, Églogues ou Canzones ;
Ici le Sannazar ou le Bembo ne discourt
De liquides cristaux ni de fleurettes.

Ici le Bernia ne fait point de madrigaux,
Mais il y a des vits sans discrétion ;
Voici le con, et le cul qui lui fait réplique,
Comme la donnent les drageoirs aux bonbons.

Ici sont gens foutus et refoutus,
Des anatomies de cons et de vits,
Et dans les culs nombre d'âmes perdues.

Partout on se fout en de si drôles postures,
Qu'on ne le croirait pas au Ponte-Sisto,
Parmi les putanesques hiérarchies.

Enfin c'est folie
Que faire le dégoûté de si bons morceaux,
Et quiconque ne fout, Dieu lui pardonne !

SONETTO I

Veduto avete le reliquie tutte
De i cazzi horrendi in le potte stupende;
Et havete visto far quelle facendē
Allegramente a queste belle putte;

E di dietro e d'inanzi darle frutte,
E nelle bocche'le lingue a vicende:
Che son cose da farne le leggende,
Come che di Morgante e di Margutte.

Io so ch'un gran piacer havete havuto,
A veder dare in potta e' n cul la stretta,
In un modo che piu non s'è fottuto.

E come spesso nel naso si getta
L'odor del pepe o quel dello starnuto,
Che fanno starnutar un con gran fretta,

   Cosi nella braghetta,
Del fotter a l' odor corretti sete;
E toccatel' con man, se nol' credete.

SONNET I

Vous avez contemplé toutes les reliques
Des vits horrifiques dans les cons stupéfiants ;
Vous avez bien vu faire cela
Allégrement à toutes ces belles filles ;

Et par devant et par derrière leur servir le fruit,
Et dans les bouches les langues à foison :
Ce sont choses à en faire des légendes,
Tout autant que de Morgante et de Margutte.

Je sais que grand plaisir vous avez eu
A voir donner en con et en cul l'accolade,
En postures dans lesquelles jamais plus on ne s'est foutu.

Et de même que souvent monte au nez
L'odeur du poivre ou celle d'un sternutatoire,
Qui vous font éternuer bien vite,

     Ainsi, dans la braguette,
A l'odeur du plaisir vous avez déchargé ;
Portez-y la main, si vous ne le croyez pas.

SONETTO II

« Madonna, dal polmone è vostro male :
» Il remedio c'è pronto, se volete
» Alzar le coscie piu che potrete,
» Per ricever in cul uno servitiale.

» Questo val meglio che acqua pettorale,
» Madonna ; v' assicuro che'l trovarete.
» — Horsù, Messer, poi che questo credete,
» Di guarirme piu tardar non mi cale.

» Ecco il cul, alerta ! Ohime ! che fate ?
» Gli è differente il tondo dal fesso ;
» Non è il patto che mi facesti adesso.

» Pian, che gli è grosso ; mi storpiate !
» — Madonna, volete che vi dica il vero ?
» Quel mio cazzon duro, so che guarisce

» Polmon anche la tosse.
» — Pur che duri tal festa, di guarir spero ;
» Ma di finir cosi presto mi dispero. »

SONNET II

« Madonna, c'est au poumon que vous avez mal :
» Le remède est là tout prêt, si vous voulez
» Lever les cuisses le plus que vous pourrez,
» Pour recevoir dans le cul un lavement.

» Cela vaut mieux qu'eau pectorale,
» Madonna ; je vous assure que vous en conviendrez.
» — Allons, Messer, puisque vous le croyez,
» De plus tarder à me guérir il ne me chaut.

» Voici mon cul, alerte ! Holà ! que faites-vous ?
» Ce qui est rond diffère de ce qui est fendu ;
» Il n'est pas convenu que vous me le fassiez si vite.

» Doucement, il est gros ; vous m'estropiez !
» — Madonna, voulez-vous que je vous dise vrai ?
» Ce mien gros vit, si dur, je sais qu'il guérit

» Le poumon et aussi la toux.
» — Pourvu que la fête dure, j'espère de guérir,
» Mais de finir trop tôt je me désespère. »

SONETTO III

DIALOGO

ARETINO, FRANCO

A. Dunque, ser Franco, il Papa fè da vero ?
F. Cazzo ! lui mi fè porre il lascio al collo,
E sù le forche dar l'ultimo crollo.
A. La poesia ?... F. La non mi valse un zero ;

Anzi, lei mi fu il boia. A. A dirti il vero,
Mai ti vedesti di dir mal satollo.
F. Il cancaro che ti mangi, e chi pensolo !
Fu il non saper mostrar per bianco il nero.

A. Diceasi in Roma che eri mal Christiano ;
Intesi non so che di Sodomia...
F. Becco cornuto, tu sei l'Aretino !

Bardascia, bugerone, Lutherano,
C'hai piu corna che compar Christino !
A. Menti. F. Mento ? il mal'anno che Dio ti dia !

SONNET III

DIALOGUE

L'ARÉTIN, FRANCO

A. Donc, ser Franco, le Pape y a été pour de bon ?
F. Foutre ! il m'a fait mettre la corde au cou,
   Et sur la potence donner le dernier tordion.
A. La poésie ?... F. Elle ne m'a pas valu un zéro ;

  Bien mieux, elle a été mon bourreau. A. A te
    dire vrai,
Je ne t'ai jamais vu soûl de mal parler.
F. Le chancre te mange, toi et qui croit cela !
   Ce fut de ne savoir dire blanc pour noir.

A. Il se disait à Rome que tu étais mauvais Chrétien;
   J'ai entendu murmurer je ne sais quoi de Sodomie.
F. Bec cornu, tu es l'Aretino !

  Bardache, enculeur, Luthérien,
   Qui a plus de cornes que compère Christino !
A. Tu mens. F. Je mens ? le mal an Dieu te donne !

SONETTO IV ET ULTIMO.

Morendo *su le forche, un Ascolano,*
Qual era avezzo a scaricar la foia,
Vide, torcendo il capo, il culo al boia,
Che li facea su 'l collo un ballo strano.

Subitamente, o fragil senso humano !
Il cazzo se gli arrizza, ancor che moia ;
Ma non se 'l meno gia, che li da noia
L'haver legata l'un' e l' altra mano.

Cosi a l' Inferno, a cazzo ritto, è andato,
E al Nemico, in vece di saluto,
Dentro de'l negro cul l' hebbe ficato ;

Poi ringratiolo e disse : « *O Pluto,*
» *Tu hai le corna et io t' ho bugerato ;*
» *Dunque ti posso dir becco fottuto.* »

SONNET IV ET DERNIER

Mourant sur la potence, un homme d'Ascoli,
Qui était habitué à se soulager sa rage,
Aperçut, en tournant la tête, le cul du bourreau,
Qui lui dansait sur le cou une danse étrange.

Subitement, ô fragile sens humain !
Le vit lui dresse, encore bien qu'il trépasse ;
Mais il ne se le branle pas, l'en empêche
D'avoir l'une et l'autre main attachées.

Ainsi dans l'Enfer, le vit bandant, il arriva,
Et à l'Ennemi, en guise de salut,
En plein dans son cul noir il le lui fourra ;

Puis le remercia et lui dit : « O Pluton,
» Tu as des cornes et je t'ai enculé ;
» Je puis donc bien t'appeler bec foutu. »

SONNETS AJOUTÉS

DANS LES ÉDITIONS MODERNES

SONETTO I

Per Europa godere, in bue cangiossi
Giove, che di chiavarla avea desio;
E la sua deità posta in obblio,
In più bestiali forme trasformossi.

Marte, ancor lui, perdè li suoi ripossi,
Che potea ben goder perche era Dio,
E di tanto chiavar pagonne il fio,
Mentre qual topo in rete pur restossi.

All' incontro costui, che qui mirate,
Che pur senza pericolo potria
Chiavar, non cura potta nè culate.

Questa per certo è pur coglioneria,
Trà le maggiori e più solennizzate
E che commessa mai al mondo sia.

Povera mercanzia!
Non lo sai tu, coglion, ch'è un gran marmotta
Colui che di sua man fà culo e potta?

SONNET I

Pour jouir d'Europe, en bœuf se changea
Jupiter, qui de l'enfiler avait envie,
Et, sa divinité mise en oubli,
En les plus bestiales formes se métamorphosa.

Mars encore y perdit ses aises,
Lui qui pouvait bien jouir, puis qu'il était Dieu ;
A force d'enfiler, il en paya l'amende,
Lorsque, comme un rat, il resta dans le filet.

Tout au contraire, celui qu'ici vous contemplez,
Lui qui sans péril aucun pourrait
Enfiler, ne se soucie de con ni de fesses.

Voilà, pour sûr, une coïonnerie
D'entre les plus grandes et les plus solennisées,
Qui jamais au monde aient été commises !

      Pauvre marchandise !
Ne sais-tu pas, coïon, que c'est un grand bélitre,
Celui qui de sa main fait un cul et un con ?

SONETTO II

« Questo è un cazzo papal; se tu lo vuoi,
» Faustina, o'n potta o'n cul, dimmelo pure,
» Perche rare a venir son le venture;
» — Lo terrò in potta, se volete voi.

» — In culo te 'l porrei; ma dacche vuoi
» Cosi, sdenditi bene e mena pure,
» Che non avrà di queste fatte cure
» Donna che bella sia, qual sol fra noi.

» Spingi, ben mio, e fà che la siringa
» Del mio bel cazzo, formi un bel poema;
» Spingi, cor mio, ancor rispingi e spingi.

» Ponmi una mano al cul, con l' altra stringi
» E abbraccia stretto e porgimi la lingua,
» Mena, mio ben; oh! che dolcezza estrema!

. » Oime! che già non scema
» Il piacer! ma seria maggior all' otta,
» S'il cazzo entrass'in cul non men ch' in potta!

SONNET II

« Ceci est un vit papal ; si tu le veux,
» Faustina, en con ou en cul, dis-le moi,
» Par ce que rares à rencontrer sont les occasions.
» — Je le recevrai en con, si vous voulez bien.

» — Je te le mettrais en cul ; mais puisque tu le veux
» Ainsi, allonge-toi bien et remue les fesses,
» Car n'aura jamais pareil régal
» Femme qui soit belle, autant qu'avec nous.

» Pousse, mon bien, et fais que la seringue
» De mon beau vit, produise un beau poëme ;
» Pousse, mon cœur, pousse encore et repousse.

» Mets-moi une main au cul et de l'autre étreins-moi ;
» Embrasse-moi serré, donne-moi la langue,
» Joue du cul, mon bien ; oh ! la douceur extrême !

 » Hélas ! pourquoi déjà passé
» Le plaisir ! mais il serait bien plus grand, à cette
 » heure,
» Si le vit entrait en cul non moins qu'en con !

SONETTO III

« Oimè ! la potta ! oimè ! crudel ! che fai,
» Con questo così grosso orrendo cazzo ?
» — Taci, cor mio, che così gran solazzo
» Non ci cangi il padrone in stenti e guai.

» E se del fotter mio piacer non hai,
» Fatti pur verso me qui, dallo spasso,
» Che se sino ai coglion dentro và il cazzo,
» Dolcessa assai maggior ne sentirai.

» — Eccomi pronta, o fido servo caro !
» Fà di me le tu voglie, e in faticarte
» Per ben servir non esser punto avaro.

» — Non dubitar, ben mio; ch'io voglio darte
» Si ghiotta fottitura, e in modo raro,
» Ch' invidia n'averan Venere e Marte.

» Potrebbe in potta entrarte,
» Dimmi, di grazia, il più superbo rulo ?
» — In potta nò; ma il ciel mi guardi in culo ! »

SONNET III

« Hola, le con ! holà ! cruel, que me fais-tu
» Avec un si gros et si horrifique vit ?
» — Tais-toi mon cœur, de peur que le patron
» Ne change notre joie en peine et en tourment ;

» Et à ma besogne si tu ne prends plaisir,
» Allonge-toi sur moi en t'appuyant par terre :
» Si jusques aux couillons le vit entre dedans,
» Tu sentiras douceur passablement plus grande.

» — Me voici prompte, ô cher et fidèle ami,
« Fais de moi à ta fantaisie, et de tes fatigues
» Pour me bien servir ne sois pas avare.

» — N'en doute pas, mon bien ; je te veux donner
» Une si belle frottée, et de façon si rare,
» Qu'en auraient de l'envie Vénus et Mars.

 » En con te pourrait-il entrer,
» Dis-le moi, de grâce, plus superbe rouleau ?
» — En con, non ; mais en cul, Dieu m'en préserve ! »

SONETTO IV

Non *più contrasto ! orsù, tutto s'acchetti ;*
Spartitevi trà voi questa ricotta,
Uno si pigli 'l cul', l' altro la potta,
Dando principio agl' amorosi affetti.

Nel ben fotter ogn'uno si diletti
E pensi in usar ben cosa si ghiotta,
Perchè alla fine il culo ovver la potta
Sono del bello e buon dolci ricetti.

Io vi consiglio in ciò, fate a mio modo,
Ne in risse o questioni dimorate,
Ogn' un nel buco spinga il duro chiodo.

E se per caso ad ambo le culate
Piacesser, perche là si fotte sodo,
Dopo il fotter il buco ricambiate :

    Benchè sia da buon Frate
Lasciar l'ovato, e dare in brocca al tondo,
Solo per dominare tutto il mondo. »

SONNET IV

Plus de querelle; allons, que tout s'apaise.
Partagez-vous entre vous le fromage :
Que l'un s'empare du cul, l'autre du con,
Et donnez le branle aux amoureux transports.

Qu'à bien foutre chacun s'évertue
Et pense à bien tâter de si friand morceau,
Parce qu'enfin le cul et le con
Sont du bel et du bon les doux asiles.

Je vous le conseille ; usez-en à ma façon,
Et ne demeurez point en rixes et débats :
L'un et l'autre enfoncez dans un trou la dure cheville.

Si par hasard à tous deux le fessier
Plaît, parce que là on fout serré,
Après avoir foutu, changez d'embouchure,

    Bien qu'il soit d'un bon Moine
De laisser l'ovale et d'embrocher le rond,
Rien que pour dominer sur le monde entier.

SONETTO V

Spectatori gentil, quì riguardate
Una che in potta e in culo può saziarsi,
E in mille modi a fotter dilettarsi,
E de suoi mani fa potta e culate.

Certo non già che trè contenti siate,
Si dirà, mia mercè; che a tutti scarsi,
Sono il gusto, il goder, il dilettarsi,
E tutti trè in un tempo v'achiappate.

Trè in un tempo contenti far tu puoi,
Donna gentil, e sarà cosa ghiotta,
Gustosa e delicata, se tu vuoi.

Ne presso i saggi parerai merlotta,
E contenti farai gl' amanti tuoi,
Il cul dando a l'un, a l'altro la potta;

   E sarà cosa dotta
Trè contentare in un tempo istesso,
Loro e te ancor, nell'uno e l'altro sesso.

SONNET V

Gentils spectateurs, contemplez-en ici
Une, qui en con et en cul peut se rassasier,
De mille façons prendre plaisir à foutre,
Et qui de ses mains fait un con et un cul.

Certes, que vous ne soyez trois heureux, cela
Ne tiendra pas à moi, car à tous sont mesurés
Le plaisir, la jouissance, la volupté,
Et tous les trois en même temps vous en goûterez.

Oui, tu peux faire trois heureux en même temps,
Gentille femme, et ce sera chose friande,
Savoureuse et délicate, si tu le veux.

Près des sages tu ne passeras pour sotte
Et tu rendras bien aises tes amants,
Donnant à l'un le cul et le con à l'autre ;

Et ce sera chose savante,
D'en contenter trois en un seul et même temps,
Eux deux et toi aussi, dans l'un et l'autre sexe.

SONETTO VI

« Spingi e respingi e spingi ancora il cazzo
» In cul a questa, che mai l'ebbe in potta ;
» Che questa fottitura è la più ghiotta,
» Che piacque a donna, a cui ben piacque il cazzo.

» — Veder potete voi s'io mi ci ammazzo,
» E che di me non v'è chi meglio fotta ;
» Che quasi l'una e l'altra è già corrotta,
» Nè provasti giammai maggior solazzo.

» — È ver, ben mio ; ma mena con più fretta ;
» Indietro spingi il cazzo ; ahi ! mena inante.
» — Io meno, io faccio, Amor si mi diletta !

» — O bella prova d'un fedele amante !
» Far corromper due volte, in fretta in fretta,
» Ed egli sempre star duro e constante !

» Cazzo mio d'adamante !
» Ben posso dir ch'io godo, anima mia.
» Amor ti salvi ed ognor teco sia !

SONNET VI

« Pousse, repousse et pousse encore le vit
» En cul à celle-ci, qui jamais ne l'eut en con :
» Cette façon de foutre est la plus friande,
» Et elle plaît à femme à qui plaît bien le vit.

» — Vous pouvez voir si je m'extermine,
» Et qu'il n'est personne qui foute mieux que moi ;
» Vous y êtes allée déjà une fois et quasi une autre,
» Et jamais n'avez éprouvé plus de plaisir.

» — C'est vrai, mon bien, mais branle-moi plus vite;
» Pousse le vit par derrière, et branle par devant.
» — Je branle et je fous, tant l'Amour me chérit.

» — Oh ! la belle preuve d'un fidèle amant !
» Faire décharger deux fois, coup sur coup,
» Et rester toujours solide et ferme !

« O mon beau vit d'airain,
» Je puis bien dire que je jouis, mon âme.
» L'Amour te protège et soit toujours avec toi ! »

SONETTO VII

Miri ciascun di voi, ch'amando suole
Esser turbato da sì dolce impresa,
Costui ch'a simil termine non cesa
Portarla via, fottendo ovunque vuole.

E senza andar cercando per le scuole
Di chiavar, verbi gratia, alla distesa,
Far ben quel fatto impari alla sua spesa
Qui, che fotter potrà senza parole.

Vedi com'ei l'ha sopra delle braccia
Sospesa con le gambe alte a suoi fianchi,
E par che per dolcezza si disfaccia.

Ne già si turban perche siano stanchi,
Anzi par che tal gioco ad ambo piaccia,
Si che bramin fottendo venir manchi.

    E per diritti e franchi
Anzano stretti, a tal piacer intenti,
E fin che durerà saran contenti.

SONNET VII

Contemplez, vous autres, à qui arrive en aimant
D'être troublé en si douce entreprise,
Cet homme qui, pour ce motif, ne cesse
De transporter la sienne, en foutant, où il veut.

Sans aller cherchant par les écoles
Le moyen d'enfiler, *verbi gratia*, au grand écart,
Qu'il apprenne à ses dépens à bien faire la chose
Ici ; alors il pourra foutre sans mot dire.

Voyez comme il la tient sur ses bras
Suspendue, les jambes relevées à ses flancs,
Et semble se pâmer de plaisir !

Encore ne s'arrêtent-ils, éreintés qu'ils sont ;
Bien mieux, semble que le jeu à tous deux plaise,
Au point qu'ils souhaiteraient, en foutant, de défaillir.

En tous droits et franchises,
Ils halètent serrés, attentifs à leur jouissance,
Et tant qu'elle durera ils seront heureux.

SONETTO VIII

« Sta sù, non mi far male; oimè! stà sù.
» Sta sù, crudele; se non morirò.
» Lasciami stare, perch'io griderò;
» Ahi! qual dolor! oimè! non posso più!

» — Vita mia, non gridar; stà un poco giù,
» Lasciami fare, e soffri ch'io farò
» Più dentro ancor, più piano ch'io potrò.
» Se taccio che mi duol, non gridar tu.

» — Oimè! crudel, oimè! lasciami andar;
» Guarda che fai; deh! non mi tor l'onor;
» Se mi vuoi ben, deh! non mi far gridar.

» — Caro mio cor, non più gridar, amor;
» Quest'è tuo ben; stà giù, non mi stentar;
» Che sempre il dolce vien dopo il dolor.

  » E per servirti ancor,
» Te l' farò in cul, ben mio; che non avrai
» Dolor si grande, e l'onor salverai. »

SONNET VIII

« Arrête, ne me fais pas de mal ; holà ! arrête !
» Arrête, cruel ; sinon, je vais mourir.
» Laisse-moi en repos, ou je vais crier ;
» Holà ! quelle douleur ! hélas ! je n'en puis plus !

» — Ma vie, ne crie point ; reste un peu sous moi,
» Laisse-moi faire et souffre que j'enfonce
» Plus avant encore, le plus doucement que je pourrai.
» Si je me tais, quoique je souffre, ne crie pas, toi.

» — Holà, cruel, holà ! laisse-moi m'en aller ;
» Regarde à ce que tu fais ; las ! ne me prends l'honneur.
» Si tu m'aimes, hélas ! ne me fais pas crier.

» — Mon cher cœur, ne crie pas, mon amour ;
» C'est pour ton bien ; reste dessous, ne m'essouffle pas ;
» Toujours le plaisir vient après la douleur.

  » Et pour te servir encore,
» Je te le mettrai dans le cul, mon trésor ; tu n'auras
» Pas si grand mal, et tu sauveras ton honneur. »

SONETTO IX

Questi *nostri Sonetti fatti a cazzi,*
Soggetti sol di cazzi, culi e potte,
E che son fatti a culi, a cazzi, a potte,
S'assomigliano a voi, visi di cazzi.

Almen l'armi portaste al mondo, o cazzi,
E v'ascondete in culi e nelle potte,
Poeti fatti a cazzi, a culi, a potte,
Prodotti da gran potte e da gran cazzi.

E s'il furor vi manca ancora, o cazzi,
Sarete e tornerete becca-potte,
Come il più delle volte sono i cazzi.

Quì finisco il soggetto delle potte.
Per non entrar nel numero de' cazzi,
E lascierò voi, cazzi, in culi e in potte,

        Chi ha le voglie corrotte,
Legga cotesta gran coglioneria,
Ch'il mal anno e il mal tempo Dio gli dia !

SONNET IX

Ces nôtres Sonnets, faits sur les vits,
N'ayant pour objet que vits, culs et cons,
Et faits sur les culs, les vits et les cons,
Vous ressemblent, visages de vits.

Du moins portâtes-vous les armes au monde, vits !
Et vous, vous vous cachez dans les culs et les cons,
Poëtes de vits, de culs et de cons,
Fabriqués par de grands cons et de grands vits.

Et si la rage vous fait encore défaut, ô vits,
Vous serez et deviendrez lèche-cons,
Ce que le plus souvent sont les vits.

Ici j'arrête le thême des cons,
Pour ne pas entrer dans le compte des vits,
Et je vous laisse, vits, dans les culs et les cons.

  Quiconque a les goûts corrompus
Lise cette longue coïonnerie :
Dieu lui donne mal an et malheur !

DISTIQUES

DE

BERNARD DE LA MONNOYE

ARETINI CARMINUM

(VULGO SONNETS) XV VERSIO LATINA

DISTICHIS EXPRESSA, ANNO 1710

PETRO ARETINO

ARETINE, *tuæ memorantur ubique figuræ :*
 Nam solet has vulgi dicere lingua tuas,
Et quod scalptoris fieri commune decebat,
 In solum Vatem transtulit illa decus.
Tu versus patrios sub imagine quaque locaras
 Bis septem, quos nunc vix reperire datur.
His ego jacturæ parva heu! solatia magnæ
 Substitui Latio disticha tincta sale,
Hortorum placitura Deo, qui rustica quamvis
 Suetus verba loqui, frater Amoris erat.

I

Blanda quidem manus est, mentum quæ mulcet amantis;
 Blandior ast hujus mentula, dura licet.

II

Cur nequit heu! digito, qui peni, sensus inesse,
 Aut cur non peni vis ea, quæ digito?

DISTIQUES
DE BERNARD DE LA MONNOYE

A PIERRE ARÉTIN

Arétin, partout on se rappelle tes postures,
Car la bouche du vulgaire se plaît à les dire tiennes,
Et l'honneur qu'il convenait de rendre commun au graveur,
Elle l'a transféré au seul Poëte.
Sous chaque image tu avais mis, en ton idiome, quatorze vers
Qu'à peine aujourd'hui est-il donné de retrouver ;
A ces vers, mais hélas ! mince consolation d'une grande perte,
J'ai substitué des distiques imprégnés de sel Latin.
Ils plairont au dieu des Jardins : quoique habitué
A parler un langage rustique, c'était le frère de l'Amour.

I

Douce est la main qui caresse le menton d'un amant :
Plus douce est sa mentule à lui, si dure qu'elle soit.

II

Que le doigt ne peut-il, hélas ! avoir la sensibilité du chibre,
Ou que le chibre n'a-t-il la vigueur du doigt !

III

Quod te sternat Amans, ne crede, puella, superbum;
  En humerum femori subjicit ipse suo.

IV

Succumbant tanto ne fœmina virque labori,
  Dum timet, ecce preces hic pia fundit anus.

V

Crus dominæ lævum dextra sustentat Amator,
  Altius in foveam sic ratus inguen agi.

VI

Nostin', quid moneat, quam contemplaris, imago?
  « Masturbare, » tibi dictitat, « aut futue. »

VII

Fungetur linguæ non tam bene munere verpa,
  Quam verpæ fungi munere lingua sciet.

VIII

Tollit amica pedes, huic penem figit amicus :
  Spectat et, id spectans, serva misella vacat.

IX

Sic, duce Natura, primi futuere parentes :
  Hos jungebat Amor tum puer, artis inops.

III

De ce que l'Amant te jette à la renverse, ne le croie pas si superbe :
De lui-même, il se place l'épaule sous ta cuisse.

IV

Craignant que ne succombent à un tel labeur la femme et l'homme,
La bonne vieille ici épanche ses prières.

V

De sa main droite l'amant soulève la jambe gauche de sa maîtresse,
Persuadé qu'ainsi le nerf ira plus à fond dans la fosse.

VI

Sais-tu ce dont t'avertit l'image que tu contemples ?
« Masturbe, » t'enseigne-t-elle, « ou bien enfile. »

VII

La verge ne remplit pas si bien le rôle de la langue,
Que la langue ne sait remplir le rôle de la verge.

VIII

L'amie lève ses pieds ; l'ami lui enfonce son membre :
L'infortunée servante regarde et, regardant, reste oisive.

IX

Ainsi, guidés par la Nature, s'accouplèrent nos premiers parents ;
Les conjoignait l'Amour encore enfant, dépourvu d'art.

X

Spectat heram, similis miranti, ancilla, putatque
Vectam more viri dum videt, esse virum.

XI

Viva parat dominæ cunnum dum verpa fricare,
Ancillæ cunnum vitrea verpa fricat.

XII

Hic sedet, illa cubat, fit opus; quod proxima cernans
Artifici futuit se bona Nympha manu.

XIII

Vir geminis, uno cur stat pede fœmina tantum?
Paxillus mediam, ne cadat, ecce tenet.

XIV

Masturbatori se cunnus inaniter offert :
« Arctior in digitis est mihi cunnus, » ait.

XV

Cruribus elatis, porrecto fœmina cunno,
Admittit tensum semisupina virum.

X

La servante, l'air étonné, contemple sa maîtresse, et pense,

En la voyant se faire porter comme un homme, qu'elle est un homme.

XI

Pendant qu'un chibre en vie s'apprête à frictionner le con de la maitresse,

Un chibre de verre frictionne le con de la servante.

XII

L'homme est assis, la femme se penche dessus, ils font l'affaire ; ce que voyant, près de là,

D'une industrieuse main se besogne la chaste nymphe.

XIII

L'homme étant sur ses deux pieds, pourquoi la femme sur un seul ?

Un étai la soutient par le mitan, crainte qu'elle ne tombe.

XIV

Au masturbateur en vain s'offre le con :

« J'ai dans mes doigts un con plus étroit, » dit-il.

XV

Cuisses en l'air, motte projetée en avant, la femme
A demi couchée reçoit l'homme qui s'allonge.

X

Spectat heram, similis miranti, ancilla, putatque
Vectam more viri dum videt, esse virum.

XI

Viva parat dominæ cunnum dum verpa fricare,
Ancillæ cunnum vitrea verpa fricat.

XII

Hic sedet, illa cubat, fit opus; quod proxima cernans
Artifici futuit se bona Nympha manu.

XIII

Vir geminis, uno cur stat pede fœmina tantum?
Paxillus mediam, ne cadat, ecce tenet.

XIV

Masturbatori se cunnus inaniter offert :
« Arctior in digitis est mihi cunnus, » ait.

XV

Cruribus elatis, porrecto fœmina cunno,
Admittit tensum semisupina virum.

X

La servante, l'air étonné, contemple sa maîtresse, et pense,

En la voyant se faire porter comme un homme, qu'elle est un homme.

XI

Pendant qu'un chibre en vie s'apprête à frictionner le con de la maitresse,

Un chibre de verre frictionne le con de la servante.

XII

L'homme est assis, la femme se penche dessus, ils font l'affaire ; ce que voyant, près de là,

D'une industrieuse main se besogne la chaste nymphe.

XIII

L'homme étant sur ses deux pieds, pourquoi la femme sur un seul ?

Un étai la soutient par le mitan, crainte qu'elle ne tombe.

XIV

Au masturbateur en vain s'offre le con :

« J'ai dans mes doigts un con plus étroit, » dit-il.

XV

Cuisses en l'air, motte projetée en avant, la femme
A demi couchée reçoit l'homme qui s'allonge.

TABLE DES MATIÈRES

	Pages.
Notice	v
Les seize Sonnets luxurieux	1
Sujets probables des figures de Jules Romain gravées par Marc-Antoine	39
Sonnets ajoutés aux précédents par les plus anciens éditeurs	41
Sonnets ajoutés dans les éditions modernes	53
Distiques de la Monnoye	73

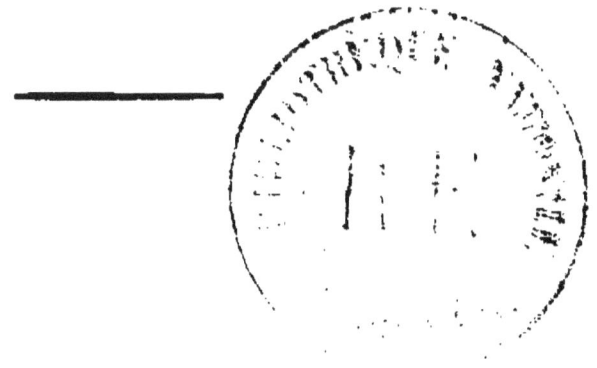

Paris. — Typ. A.-H. Bécus, 112, boulevard de Vaugirard.

Isidore LISEUX, Libraire-Éditeur
5, Quai Malaquais, PARIS.

MUSÉE SECRET DU BIBLIOPHILE

*Collection d'Ouvrages de haute curiosité
imprimés à cent exemplaires pour l'Éditeur et ses Amis.*

N° 1.

LES

DIALOGUES DE LUISA SIGEA

SUR LES ARCANES DE L'AMOUR ET DE VÉNUS

OU

Satire Sotadique

DE

NICOLAS CHORIER

Prétendue écrite en Espagnol par LUISA SIGEA et traduite en Latin
par JEAN MEURSIUS
Texte Latin revu sur les premières éditions
et traduction littérale, la seule complète, par le Traducteur
des *Dialogues de Pietro Aretino*

QUATRE VOLUMES IN-8°. PRIX . . . . 200 fr.

N° 4.

LES

RAGIONAMENTI

OU

DIALOGUES

DU DIVIN

PIETRO ARETINO

Texte Italien et traduction complète, par le Traducteur
des *Dialogues de Luisa Sigea*

SIX VOLUMES IN-8°. PRIX . . . . 250 fr.

Paris. — Typ. A.-H. Bécus, 112, Boulevard de Vaugirard.

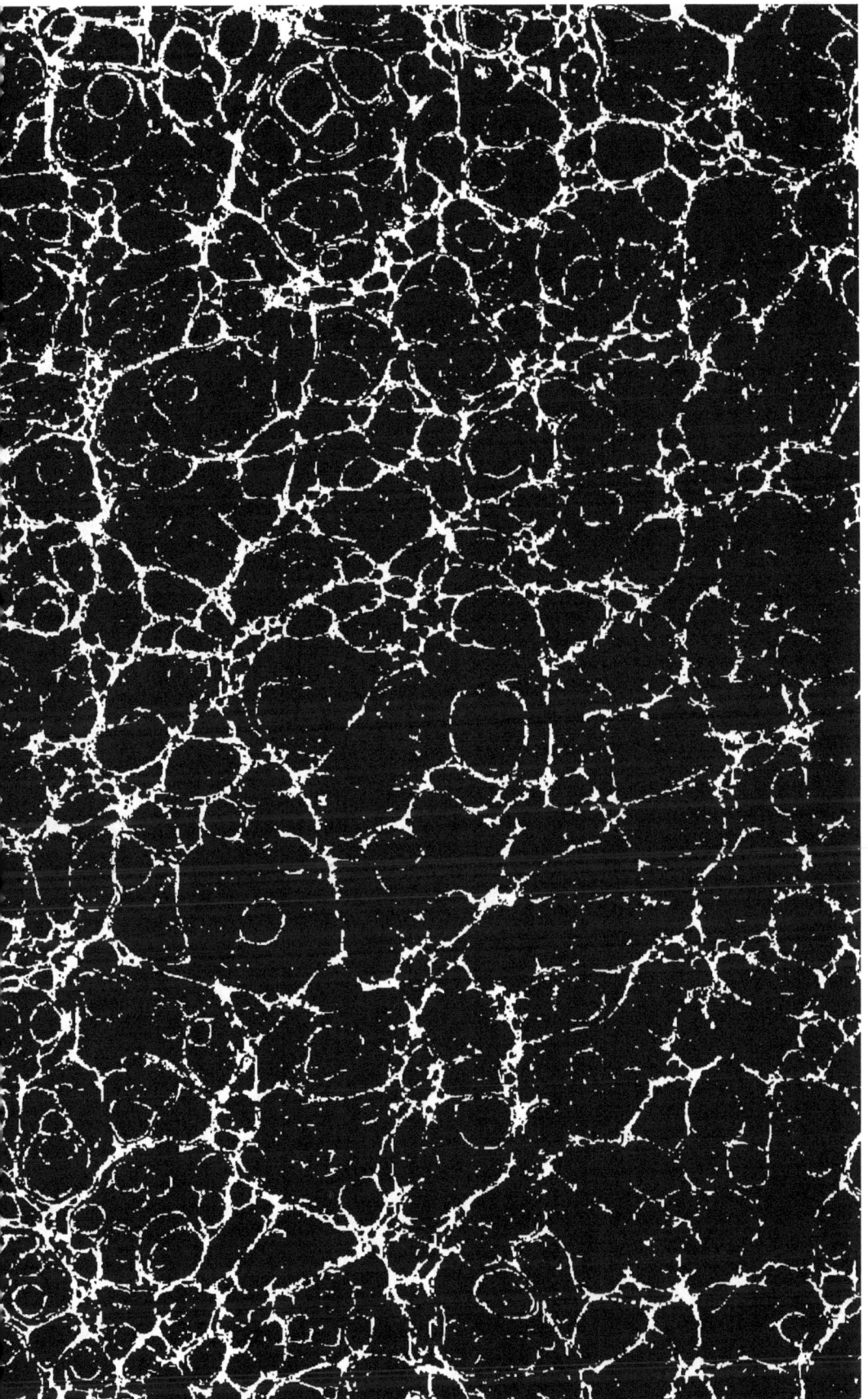

BIBLIOTHEQUE NATIONALE DE FRANCE

FIN

Rés. Enfer 67 (5)

Entier

R 116508

www.ingramcontent.com/pod-product-compliance
Lightning Source LLC
Chambersburg PA
CBHW051908160426
43198CB00012B/1806